领导的气场

曾仕强国学智慧系列

曾仕强◎著

四川人民出版社

图书在版编目（CIP）数据

领导的气场 / 曾仕强著 . -- 成都：四川人民出版社，2019.1（2021.11重印）
（曾仕强国学智慧系列）
ISBN 978-7-220-11108-2

Ⅰ . ①领… Ⅱ . ①曾… Ⅲ . ①领导艺术－中国 Ⅳ . ① C933.2

中国版本图书馆 CIP 数据核字 (2018) 第 262005 号

LINGDAO DE QICHANG
领导的气场
曾仕强著

责任编辑	何红烈　冯　珺
特约编辑	翟倩倩
封面设计	新艺书文化
版式设计	曾　放
责任印制	张　辉
出版发行	四川人民出版社（成都槐树街 2 号）
网　　址	http://www.scpph.com
E-mail	scrmcbs@sina.com
新浪微博	@ 四川人民出版社
微信公众号	四川人民出版社
发行部业务电话	（028）86259624　86259453
防盗版举报电话	（028）86259624
照　　排	徐　慧
印　　刷	北京晨旭印刷厂
成品尺寸	160 × 230mm
印　　张	11.5
字　　数	132 千字
版　　次	2019 年 1 月第 1 版
印　　次	2021 年 11 月第 2 次印刷
书　　号	ISBN 978-7-220-11108-2
定　　价	49.80 元

CONTENTS

目 录

第三章　话不必多，要讲得恰到好处

第四章　入情入理，守规矩也要知变通

第五章　向上启发，上司永远是对的

第六章　尊重平级，做到皆大欢喜

第七章　知人善任，让下属感觉被尊重

第八章　展现魅力，成就领导的气场

第一章

Chapter 1

管理无方，气场只是空谈

不管人，一定要理人

很多干部总是抱怨自己的员工不好：“就是他们妨碍了企业的发展。”可是，员工是你请来的，他不好，你辞退就可以了，为什么请他来却又说他不好呢？其实，员工不好，往往是上司带坏的。所以，很多人跟我讲员工不行，我第一个问题就是：“那你干吗要他？当初经过甄选，你认可他才让他进来的。他本来很好，跟了你变得不行了，那是谁的错？是你的错，是你把人家带得不行了。为什么这个人跟着你就不行，跟着另外一个人就行呢？”

那么，作为中层管理者，你应该怎样带人，怎样管理人呢？其实很简单，就是一句话：不要管他。有人会说，那怎么行？这样做的道理是什么？因为管与理不同，管是管，人性不喜欢被管；理是理，人性喜欢被尊重。“敬人者，人恒敬之”，把管做到理，你就成功了。

员工不受管的真相

大家都不喜欢被管，但对于干部而言，还是要管的。关键是怎么管。

员工的“不受管”，含有“受管”的成分，关键在于“需要”——

需要时要你管，不需要时不要你管，这才是其不受管的真相。工作顺利时，员工最讨厌别人管；一旦遭遇困难，特别是走投无路的时候，他就会大声喊："为什么你不管我?!"贤明的干部，应该在这种时候再来管他——在他需要时管他。

人性喜欢理，喜欢被看得起

我们经常会听到有的员工说："你干吗不理我？""你凭什么管我？"说明"管"和"理"这两个字的含义有很大的区别——有一天你把管做到理，你就成功了，因为理的层次比管的层次高得多。

理，就是看得起：你看得起他，他就看得起你；你看不起他，他照样也看不起你，不管你是谁。有些人看人，完全是看对方对自己怎么样：你对我笑，我没有理由不对你笑；你对我板脸，我的脸会比你的好看吗？

随时随地找到平衡点

西方人热衷于 X 理论、Y 理论，中国人则不是这样。X 理论相当于性恶论，Y 理论相当于性善论。然而，人无完人。人既不会百分之百的好，也不会百分之百的坏；人性不是彻底的善，也不是彻底的恶，而是可善可恶。

我问一个老板:“那个人讲错话，你骂他我能理解，因为他讲错了；另外一个人讲得对，你干吗骂他？”

老板说：“他错，我是骂他错；他对，我是骂他搞得我没有面子，他讲得越对，我越没有面子，我不骂还得了?! 再对也没有用！”

这就是老板骂下属的道理——下属讲得虽然对，却在不对的时候、不对的地方讲，所以他是错的。因此，要把管做到理，不仅话要说对，而且要在合适的地方说。说得老板有面子，他就会承认你对；说得他没有面子，再对也是错的。

而道理又是变动的。比如一个会当老板的人，在下属面前赞美一个中层干部，然后马上又把干部叫到办公室里面训斥，为的是“平衡”。这个老板有自己的一套道理：一旦赞美那位干部以后，他以为自己真的很行，然后就会阴沟里翻船，这是老板害的；然而，他总得不到赞美，就会有挫折感。

做干部也是这样，有时候很守规矩，有时候并不守规矩；有时候讲话很有信用，有时候讲话却没有信用。一切都是摇摆不定的，要随时随地找到这个“跷跷板”的合理点。

注意掌握尺度

事情都是通过人来完成的。所以，只要把人理好了，事情自然就做好了。如果存心不管，管理者就是不负责任，但如果存心要管，故意整人，也是不对的。那针对这一点，我对干部的一个意见是：少发脾气。不是说不发脾气，因为那是做不到的，但是要注意掌握其中的尺度。

甲："你刚才挨主管训了？"

乙："是。"

甲："他说你什么了？"

乙："我不知道。"

甲觉得很奇怪："他训你那么久，你都不知道他说什么？"

乙很无奈："我就看到他的嘴巴一直一张一合的，我什么都没听，管他呢。"

可见，管理的时候直接训人发脾气是没有用的，对员工一点影响都没有。那应该如何做？传统的中国式管理，是对不同状态的员工采取不同的措施。一个好的管理者是这样的：你做得好的时候，我为什么要管你，我不需要管你；你做得不好，我也不会管你，但是我会提示你，提示无用，就再提示，提示实在不管用，我才会训斥你（如图 1-1）。

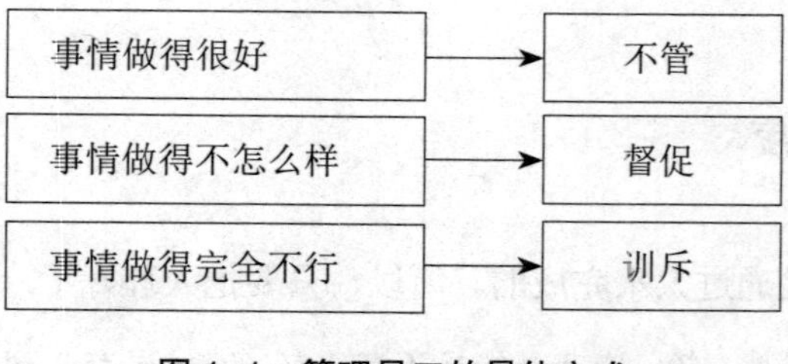

图 1-1　管理员工的最佳方式

想少发脾气怎么办？就要少做指示。这个是很难的，因为很多人都喜欢发布指示。但是这样真的很不好，因为你所知道的虽然很多，却也还是有限的。

孔子一再说自己无知，苏格拉底也说：“自己唯一知道的事情就是我一无所知。”我们的头脑是有局限性的，要不然为什么要借用别人的头脑呢？一个人要发财也很简单，那就是借用别人的资金，借用别人的智慧。

凡是成功的人，都很少说话。作为老板，他一说话，所有人就都按照他的话去做；老板不说话，所有的人都说话，老板就有很多的选择，对自己非常有利。同理，作为干部，如果你是一个经常做指示的人，就限定了自己的下属，使他不太会动脑筋。一个很有主见、很果断、随时有主意的人，他的下属经常脑袋空空：第一，他们想了没有用；第二，他们说的跟领导不一样时会挨骂。最后，他们不再想也不再说，干脆让出整个舞台来，让领导一个人去表演——唱独角戏。

如果一家公司的人才慢慢地外流，那就等于这家公司得了经营上的癌症。所以，老板要让下属们表现，而不是自我表现。同理，中层干部也要让员工表现。

老子最高的智慧是四个字：深藏不露。员工并不会一下子就能接受深藏不露的观点，也有可能心里认可，但是嘴上还死不承认。有的老板问我，如果讲深藏不露，有能力同没有能力不就是一样的了？此言差矣，没有能力，谈不上深藏不露，因为没有什么好藏的；有判断力、有选择力、有声望，才有资格深藏不露。

深藏不露的意思是在该露的时候才露，这个注解非常重要。应该露的时候你不露，人家就看不起你；不应该露的时候乱露，人家就会看笑话。有很多主管的形象在自己的下属心目当中简直是个笑话，这是他们自己的责任。

管理不是非此即彼的简单选择

西方人喜欢采用“二分法”，即把事物“分”成两个不同的部分加以分析，再从中选择其一作为答案。这样做看起来似乎简单明了。西方的管理，也沿用这种思维法则，把人“分”成管理者和被管理者，将管理的气氛划“分”为人治和法治（如图 1-2）。

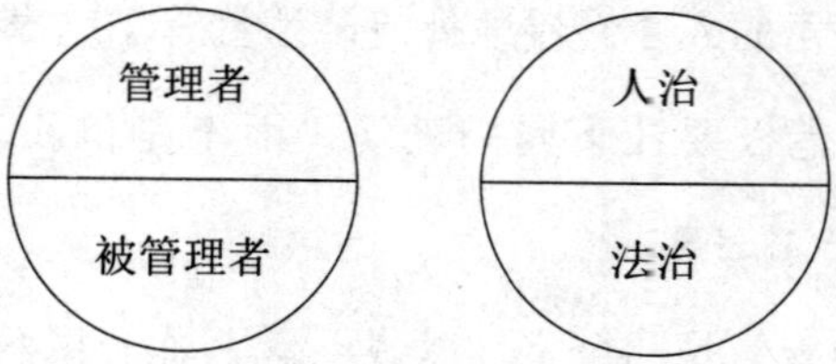

图 1-2　二分法的应用

受太极思想的影响，中国人擅长在“一分为二”的分析之后，“把二看成三”，在相对的两端找出中间的灰色带，也就是二“合”为一地把两个极端的概念统合起来，形成第三个概念（如图 1-3）。例如唯心、唯物是两个极端的概念，而中国人却能看出两个之外的第三个概念，叫作“心物合一”，因而统合了唯心和唯物成为“心物合一论”。

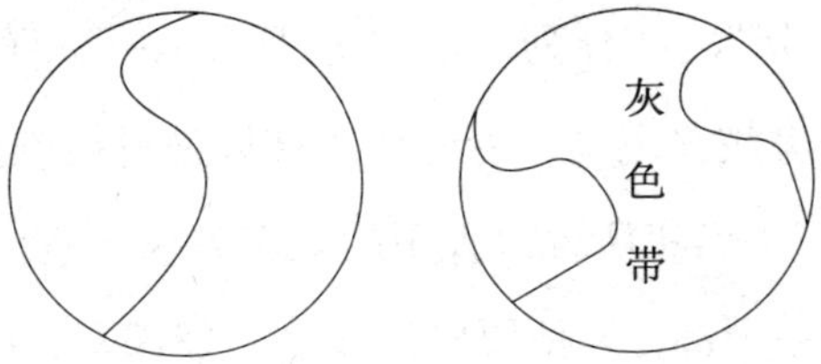

图 1-3　太极的思维

太极思维——寓人治于法治

中国式管理，承袭太极思维法则，把人分成三种。老板是管理者，员工是被管理者，而介乎老板和员工之间的干部，则一方面是管理者，另一方面也是被管理者。至于管理的气氛，中国式管理不主张在人治和法治之中选择一种，却十分实际地“寓人治于法治”，说起来实施法治，运作时却有非常浓厚的人治色彩（如图 1-4）。

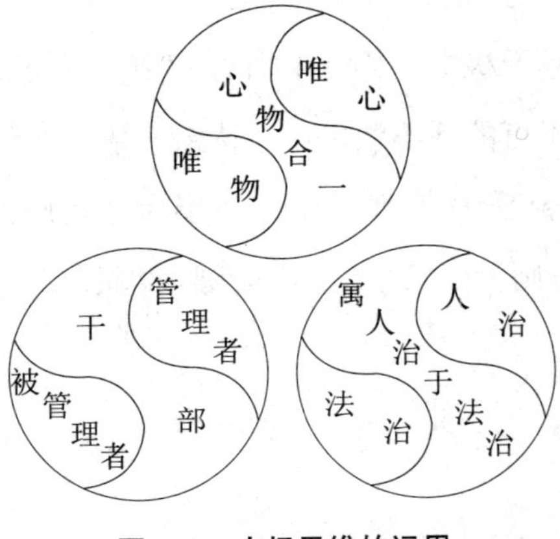

图1-4　太极思维的运用

中国式管理重视“全方位的观点”

西方人重“分”，一分为二、二分为四……这样一直分析下去，各领域专业化程度越来越高。专业化的结果使得很难找到整体化的解决方案，正应着庄子当年所说：“天下的人多各执一察以自耀。”“一察”就是一端，看到某个部分，便要以偏概全。好像耳、目、鼻、口一般，各具相当功能，却无法互相配合。

中国人不反对分析法，只是在分析以后，必须加以综合。中国人重“合”，以综合法来统合经过分析的东西，称为“全方位的观点”。

中国式管理，同样讲求全方位。庄子讲过：万事有所分，必有所成；有所成之后，也就必有所毁。一切事物，若是从通体来看，既没有完成，也没有毁坏，都复归于一个整体。

“二选一”的结果，往往趋于极端

把二看成三，意在分析成为二之后，不要二中选一。因为二选一的结果，往往趋于极端。梁漱溟指出：“把一个道理认成天经地义，像孔子那无可无不可的话不敢出口。认定一条道理顺着往下去推，就成了极端，就不合乎中。”他认为：“事实像是圆的，若认定一点，拿理智往下去推，则为一条直线，不能圆，结果就是走不通（如图 1-5 及图 1-6）。”

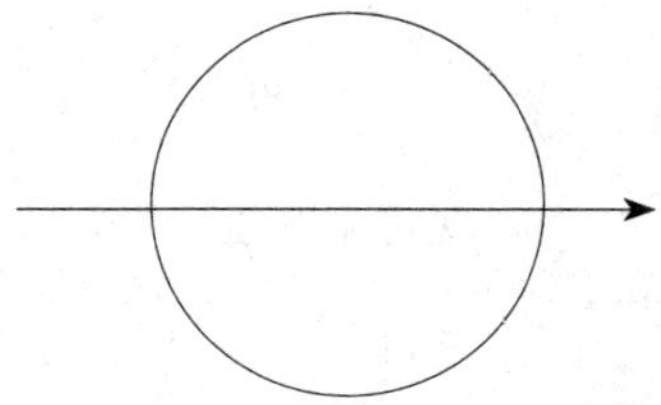

图 1-5　对也会推成错

图 1-6　事实像是圆的

“无可无不可”原则

依西方二分法的标准，无可无不可根本就是是非不明、不敢负责、不愿意明说的表现。受其影响，现代中国人不了解“无可无不可”，竟然也跟着鄙视起来。其实，孔子“无可无不可”的主张，是从“可”与“不可”这两个极端的概念中看出第三个。中国式管理依据无可无不可的原则，凡是两个概念都能够看成三个，无形中又多了一种选择，所以弹性更大、包容性更强，其实就是“合”的效果（如图 1-7）。

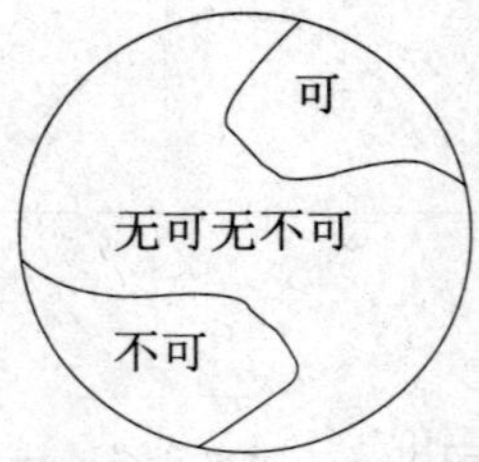

图 1-7　把二看成三

例如西方劳资对立，员工是劳方，资本家是资方，双方往往各执一词，很难达成协议，更不容易建立共识。各说各话，划“分”出不同的立场，然后讨价还价才勉强和解，但是其中的问题仍然存在。

中国式管理把二看成三，在劳资之外，看出一种“介”方，也就是媒介的意思。平时老板和员工之间的沟通，尽量采取间接方式，通过干部的承转，养成习惯之后，一旦劳资有不同的看法，自然也会通过干部，让老板拥有回旋的余地，比较容易化解问题。不像现在这样西方化，劳方遇到问题，都要与老板面对面直接沟通，弄得老板不像老板，失去应有的尊严，一气之下干脆关门不当老板，结果还是员工更加倒霉。

大事化小，小事化了

有问题必须解决，乃是西方式的管理心态。在很多西方人看来，问题只有“解决”和“不解决”两种选择（如图 1-8）。于是解决的视为负责、尽职、有担当，而不解决的即视为不负责、不尽职、缺乏担当。中国式管理，把二看成三，知道不解决不行，问题一直持续下去，终究有一天会恶化，以致无法解决，或者花费更高的成本。但是解决也不行，因为这个问题解决了，势必引起其他的问题，甚至爆发更多、更麻烦的问题，到时候吃不了兜着走，岂不悔恨已晚？

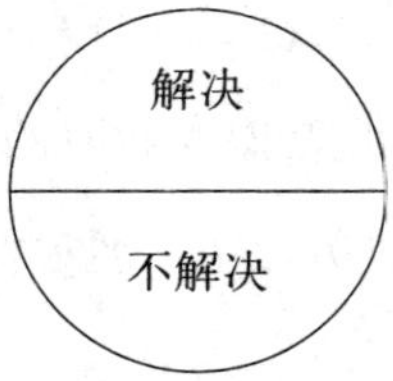

图 1-8　二选一

在解决和不解决之道中，有一条“合”的途径，称为“化解”（如图 1-9）。中国人喜欢“大事化小，小事化了”，便是在无形中既解决问题，又避免后遗症，或者把它减到最少的地步。“化”的功夫了得，是中国人的太极功法。看起来没有什么动作，实际上把所有问题都化解掉了，化到好像没有问题要解决，这才是把二看成三的实力。

图 1-9　二合一

管理是修己安人的历程

管理是一种历程，起点是修己，终点是安人。每个人都应该从自己做起，把自己修治好，再通过做人做事的具体表现促进大家的安宁。

中层干部可以在管理的历程中，通过好好做人把工作做好。在职场中修炼自己，逐渐提高层次，完成修、齐、治、平的任务。

美式管理是“我要—我成”的历程

现代化管理源于美国。美式管理脱离不了“我要—我成”的历程（如图1-10）。“我要”代表“目标管理”，“我成”代表“成果管理”。由我订立目标，由我去执行，最后拿出成果来。若是成果和目标十分接近，甚至百分之百达成或超越目标，就会获得奖励，否则就要接受惩罚，有时还会被裁换。整个管理历程，充满了“优胜劣汰，适者生存”的进化精神，以“竞争”为手段，拿“数据”做标准，来分出胜负，判定死活。

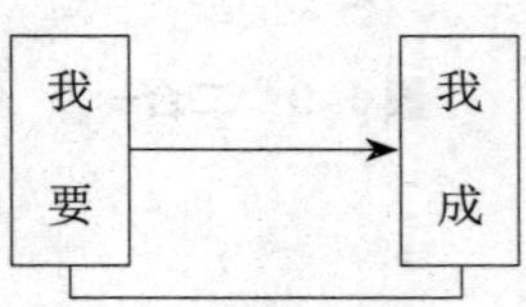

图1-10　美式管理

日式管理是“同生共荣”的历程

日式管理和美式管理刚好相反，他们所构成的，是一种“同生共荣”的历程（如图 1-11）。“同生”表示一起进入公司的辈分，“共荣”表示大家共同分享的荣誉。同生要有同死的觉悟，培养出一生一死的交情，准备共同奋斗，绝不临阵脱逃。共荣也要有共辱的打算，因此合力追求团体的荣誉，却不计较个人的荣辱。整个管理历程，充满了“大和魂”的“爱团体精神”，以“一家人”为号召，“互助”为手段，以“不事二主”为标准，一致对外，奋战到底。

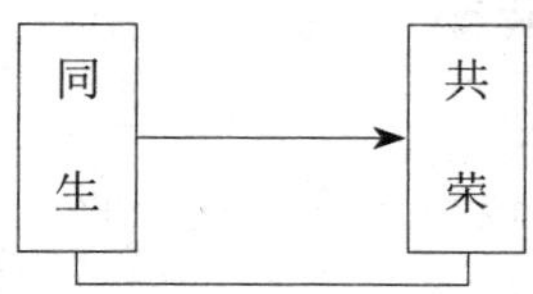

图 1-11　日式管理

中国认为：目标和成果只是管理的一部分

达成目标不一定会得到奖励；未达成目标，也不一定会被惩罚。而且，同样是接受奖励，内容却并不一样，有时高有时低，经常弄得人一肚子火气。同样受到惩罚，标准也不一致，有时严苛有时宽松，好像大家都在碰运气。

成果的评量，其实也不可靠。生意好做的时候，闭着眼睛业绩也很高，这样的成果，得来不费吹灰之力，有什么稀奇？生意不好做的时候，竭尽全力业绩依然不高，评量得再正确，又有何用？这充分证明成果评量，实在算不了什么，至少不足以代表一个人的努力程度。

目标和成果固然很重要，但不是管理的全部，充其量只是管理的一部分。我们也不接受同生共死的观念。同生只是一种机缘，有幸一道进来。然而进来之后，就应该各凭本事，自创前程才对。怎么可以大家绑在一块儿，同归于尽呢？一个人的成就，在于“同年之中我最行”，哪里肯同年同倒霉呢？

中国人乐于有条件地共荣

共荣当然很好，不过有一个先决条件，就是“让我沾一点光”。中国人讲求“合理”，沾太多光大概没有人愿意，因为相差太远，迟早会被揭穿、出洋相，不如及早放弃，以求藏拙。沾一点光，表示相去不远，稍微踮起脚跟，便能一般高，当然不能也不必过分辞让。若是别人依样画葫芦，也来沾我的光，标准依然如此，只是稍微严苛一些。差不了多少，让他沾光，说是有福同享；差得太多，不让他得利，反骂他要称一称，自己到底有几两重？

同生共荣，中国人并不是不赞成，而是应该有一些弹性，让各人自行斟酌决定。究竟要同生共荣到什么程度，才是最重要的课题。

中国式管理以“安人”为妥

美式或日式管理并没有什么不对，中国人也大多能够接受。中国人的包容性，使得我们不会排斥任何主张。我们的基本态度是既不赞成也不反对，反正说归说，做归做，你如此主张，未必就真的这样做。中国人在美国公司工作，说的都是美式管理的话；在日本公司工作，说的都是日式管理的话。一方面是入乡随俗，一方面则是唯有如此才不会吃亏。而实际运作起来，调整来调整去的结果，大多都调整得很富有中国气息。

我们能够同生共荣，也能够“各扫自家门前雪，休管他人瓦上霜”。怎么说都可以，同样的怎么做都行。反过来说，怎么说都没有用，也怎么做都不行。

那么，中国式管理的意义是什么呢？我们要不要对准目标全力以赴？能不能接受成果的评量呢？其实，愿不愿意同生共荣，完全取决于我们“安”还是“不安”。安的结果是正面的，而不安所带来的则是负面的影响。安的时候，中国人积极奋发，对准目标全力以赴，高高兴兴地接受成果评量，既照顾同年，礼待资深，也共享荣誉，大家乐在一起。不安的时候，对目标阳奉阴违，视成果评量为官样文章，同年不同年又有什么关系？怨都来不及，哪还分享、共享什么荣誉？

“安”的观念，长久以来影响着中国人。这个字含意甚深，必须用心体会才能够明白它的用意。作为名词，多用“安宁”；作为动词，可用“安顿”，而对管理来说，以“安人”为妥。

“安人”必先“修己”

要“安人”必先“修己”，不修己则无以安人。所以中国式管理，简单说，就是“修己安人的历程”（如图 1-12）。修己代表个人的修治，做好自律的工作。因为中国人一方面不喜欢被管，另一方面不喜欢被连自己都管不好的人管。不喜欢被管，就应该自己管好自己，这是自律，也就是修己。不接受连自己都管不好的人的管理，常常抱怨这种人管不好自己还想来管人。也就是说，每一个人在管人之前，必须先把自己管好，也就是需要自律。可见管理者和被管理者通通应该修己。

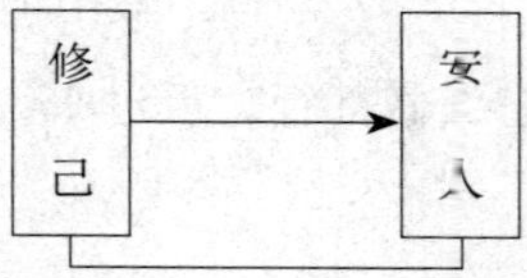

图 1-12　中国式管理

修己安人看起来是伦理，同时也是管理。中国式管理的整个历程，充满了“伦理道德”的精神，以“彼此彼此”为原则，以“圆满、圆融、圆通”为标准，各人立于不败之地，发挥推己及人的力量，分中有合，合中有分，谋求安居乐业，互敬、互惠，各得其安。

修造自己，而非改造他人

“修己”的意思，是修造自己，而不是改变他人。有人花费太多的时间和精力，去改变别人。这种错误的方向，浪费了很多管理成本。

管理者若是一心一意想要改变员工，员工就会保持高度警觉，不是全力抗拒，便是表面伪装接受，实际上各有自己的看法。不如管理者先修己，用心改变自己，让员工受到良好的感应，自动地改变自己，更为快速有效。

用高压的政策要求员工改变，并不符合安人的要求，并非人性化管理，大家就会以不合理为由加以抗拒。

作为干部，你先求修己，感化自己的下属也自动修己。双方都修己，互动起来自然更加合理。人人自求合理，才是最有效的管理。

无为而治，使大家各自发挥所长

中国人下象棋，有的人善用车，有的人善用马和炮，有的人专门用兵。车、马、炮都有可能很厉害，也随时有可能遇害。但是，从来没有人说他的老将最厉害。老将最不厉害，却总是挨到最后还是没有被吃掉。这些厉害的车、马、炮，都为最不厉害的老将而牺牲，到底谁厉害？当然是老将最厉害。

将、帅深藏不露，实行“不管之管”，车、马、炮、卒才能够在将、帅的高度支持下，放手去做自己分内的事。将、帅发挥总动员的作用，这才是有效的领导。如果老将喜欢表现，处处都要显示自己最厉害，那么，车、马、炮、卒便站在那里听命令，然后一个口令一个动作，弄得老将疲惫不堪，可能因此而缩短寿命。作为中层干部也是，如果你事事亲历亲为，只会累倒自己，下属既得不到成长，也不会因为你替他干活而感谢你。

象棋给我们的启示，便是领导不表现英雄性，下属才会表现出各自的英雄性。领导的英雄性，很容易造成一个人表演的可怕局面；领导不露英雄性，才有总动员的可能。

如果把一个组织大略分成三个阶层。象棋的将、帅，可以代表高层领导，车、马、炮为中层干部，而兵、卒则代表基层员工。三个阶层各有不同特性，必须互相配合，才能各自发挥所长而产生总动员的效应（如图 1-13）。

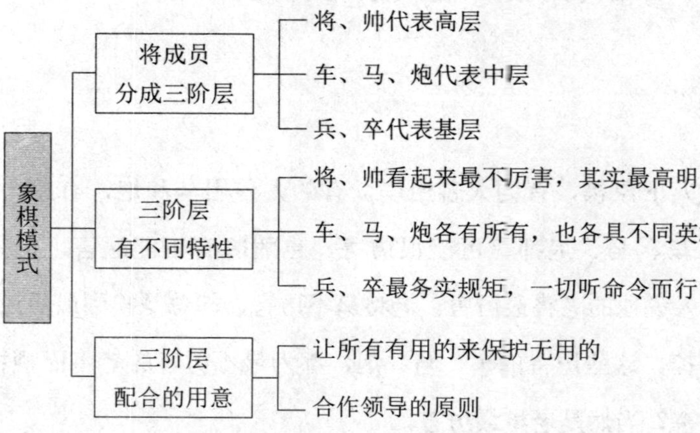

图 1-13　有效的象棋模式

第 二 章

Chapter 2

深谙人性，看人不止一面

不执着是第一特性

中国人相当复杂，不但想到“我”，还要顾及“你”，更不能忘掉“他”。所以前文也说过，在中国做中层干部，必须十分了解中国人的特性。

一方面，可以好好“理”下属员工；另一方面，可以让你在处事时深思熟虑、面面俱到，不会在不知不觉中树敌，导致后患无穷。在横的方面，要“和”，与任何人都要保持恰到好处的人际关系。在纵的方面，要“中”，对于人和事的处置，应该有自己的原则，并且一定要坚持原则，否则会被说成“没有规矩”“缺乏制度”，甚至“胡作非为”。同时，坚持原则又不能到处得罪人，弄得鸡飞狗跳，妨害安宁。“持中致和”是指既要坚持原则又能和谐相处，所以“和”就是广结善缘，用“广结善缘”来“坚持原则”，既会做人又能做事，叫作“致中和”，才是真正的圆满。

太极行为是人性化管理的表现，目标放在“致中和”。但长久以来的过与不及，产生不少弊病，被铁口直断为偏差行为，再加上不断用西方或日本标准来衡量，便越发显得落伍而毫无价值。在此不妨改称为“中和行为”，以免引起不必要的误解与无谓的争议。

“不执着”增加了管理的难度

中和行为的第一特性是“不执着”，特别是有些员工，满脑子“那可不一定”，增加了管理的难度，诸如：

不容易听信别人的话。

不重视团体规约。

不完全遵照上级命令行事。

不认真执行工作规范。

不相信企划。

不能真正科学化。

不容易完全标准化。

不能够大家一致，总认为自己应该特别。

公司高层领导对同一事情，可以表示“关切”，也可以十分“震怒”，完全视情况而定，目的只有一个：先表明和自己没有关系，再看做这件事情的人是谁，可能引起什么样的后果，然后调整后续反应。

而中层干部不知道领导会“关切”还是会“震怒”，于是有责任就往下推，以便“关切”时跟着“关切”，“震怒”时跟着“震怒”，确保自身“安全”最重要。

基层员工经常“押宝”，有时押对有时押错，久而久之，干脆不押，凡事能推即推，能拖即拖，否则也咬文嚼字以察言观色，多方斟酌而模棱两可，我们能责怪他吗？

“不执着”带给管理许多好处

但“不执着”在管理上也有许多好处，例如：

头脑灵光——善于应变，对于快速变化的环境具有良好适应能力。

自动调整——在工作中能随时适机调整，以求达成目标。

弹性应用——具有极大弹性，能承受企业内外环境变迁所带来的多种压力。

把握情势——有利的情势来临时，能及时把握，不受原定计划的限制。

不畏艰难——兵来将挡，水来土掩，天大的困难，中国人只要有心，都有办法解决。

讨厌被人管

中和行为的第二特性是“不受管”。我们会听到员工说“谁要你管”，但很少听到他们说“请你赶快来管我”这一类的话。“我做了这么多年，难道还要你管？”“你想管我？先把你自己管好再说！”

中层干部要管下属，下属都是一肚子不高兴，心里盘算着：“好，你想管我，那我就想办法气你。”

人不能管，谈什么管理？不用担心，不能管的，要“理”。你理他，他才会理你。如果理不好，那就应该“安”他，你尽力安他，他自愿卖力，安人比理人高明，理人比管人有效。可惜大家一心一意想要管人，以至于把人与人之间的关系搞乱了，员工不可能好好工作，更谈不上什么绩效。

“不受管”给管理带来的麻烦

“不受管”会增加管理上的许多麻烦，者如：

不喜欢承受压力——愈是压员工，员工愈是表面应付，内心不愉快。

不爱看规约——你要一个员工签字，只要大家签他就跟着签，很少会认真去看，更谈不上记在脑子里。

不愿意上级不断盯着自己——要员工这样，要员工那样，他表面上在听，实际上未必以为然。

“不受管”给管理带来的好处

当然，“不受管”也有许多好处，例如：

不必管他——善于管理的干部，懂得安人，看得起下属，让开一步不去管下属，下属就会主动去做。

不必操心——操心根本没有什么用，因为你越急，员工越不急。只要安他，让他身安心乐，他就会自己去操心，变成他急你不急。

不必制衡——员工不喜欢被管，本来就是一种制衡，如果此外再多方设法安排制衡的力量，不过是流于形式而已。

“不受管”的真相

中国人的“不受管”不是绝对的。当他事情做得顺利的时候，最讨厌有人管他；但是一旦遭遇困难，特别是走投无路的时候，他就会大声喊：“为什么你都不管？”

需要时要你管，不需要时又不要你管，这才是中国人“不受管”的真相。中国人“不”之中含着“要”，“不要、不要”然后“要”，“不露、不露”然后“露”，“不会、不会”然后比任何人都“会”，实在值得当干部的好好体会一番。

“不受管”含有“受管”的成分，关键在于“需要”。想做好干部，你应该在下属需要时才来管他，即平时充分准备，需要时亮出锦囊妙计，而不是和下属一起在困境中愁眉苦脸。“预测”“前瞻”不是平日说着玩的，而是紧急时要露一手的。

天生爱讲理

中和行为的第三特性是“爱讲理”。比如：

一再流传“读书，要明理”。

强调“做人，要懂得道理”。

深信“有理走遍天下，无理寸步难行”，因而“理直自然气壮”。

遇到争执，总是“请老先生评评理”。

最受不了的一句话是：“你这个人怎么这么不讲理！”

“爱讲理”给管理带来的困难

“爱讲理”会增加管理上的许多困难，诸如：

理不易明，很难沟通——道理常常是相对的，究竟孰是孰非，很难判断。如果什么都要讲道理，沟通就会很难。

各说各话，很难协调——任何场合，特别是公开场合，大都各说各话，只带嘴巴不带耳朵，增加了协调的难度。就算带了耳朵，结论也是各不相同。

固执一理，形成意气——人难免有成见、偏见，但如果还固执，那就十分可怕。中国人“不执着”，但容易固执己见，甚至只是为了面子的意气之争。

立场改变，理随着变——中国人重视立场，往往计划时是儒家，执行时变道家，到了考核时，一副释家菩萨心肠。而在位时是儒家，不在位时变道家，更为明显。

理说得多，执行得少——有些人误认为“沟通就是多言”，因而“说了一大堆道理，以致没有时间真正去执行”。其实，“沟通”与“多言”完全是两回事，要沟通，却不多言，才是有效的沟通。

“爱讲理”给管理带来的好处

爱讲理也会给管理带来许多好处，例如：

让他自己讲——中国人爱讲理，又常常认为自己说的才是道理，别人说的都不尽合理。在管理上只要有办法“让他自己讲”，他就赖不掉。

一切求合理——对中国人而言，管理即是“管得合理”。只要小心警觉理不易明，随时谦虚能容，而且力求合理，中国人自然接受。

理直气就壮——不管他人如何议论，如果自己真的有理，便不必害怕，更不必计较。气壮的意思是自己心安，并不是“壮起胆子和人家斗气”。

有理者得人心——有理的人终究得人心，而得人心者更容易显得有理，所以“由情入理”，才是合情合理。只要不存心讨好，得人心是有理的有效证明。

有理约束人——有理就可以依据道理来约束他人，不过要先让对方觉得不讲理时，才施以约束，所以中国人说“法”的时候，喜欢连带着说“合理合法”。

“合情合理”“合理合法”，“情”和“法”两者，都要把“理”拉进来，足以证明中国人最讲道理。一切管理行为，不执着到合“理”的程度，不受管也合“理”地接受管理，那才是真正合乎中国人的“管理合理化”！

说话模棱两可

俗话说“言为心声”，但是人心是难以琢磨的，所以有些员工说的话也常常模棱两可。有人主张“逢人只说三分话”，同样主张“知无不言，言无不尽”。“逢人只说三分话”是对交情不深、关系不够的人而言的，因为人心隔肚皮，知人知面不知心，当然应该小心试探。“知无不言，言无不尽”是对交情深厚、关系密切的人而言的，既然大家亲如一家，也就不需要互相隐瞒。

其实，“逢人只说三分话”时，已经含有“知无不言，言无不尽”的意思。况且“三分”既可以是“三分流水七分尘”的“三分”，也可以是“天下只有三分月色”的“三分”，就看到时如何拿捏了。当彼此尚不熟悉时，当然“未可全抛一片心”，等到互相信赖了，完全可以“知无不言，言无不尽”。

同样，“言无不尽”时，也不要忘记“逢人只说三分话”，因为彼此虽然关系密切，但是有的话可能会伤害对方的自尊心，或者引起他的嫉妒，所以必须有适当的保留，说三分留七分，那七分就心照不宣了。

彼此有默契，才能听懂话

大家可能经常面临这样的情况："我明明听懂了他的话，他怎么还是不高兴？"因为话里通常包含很多意思，听懂了表面意思却常常听不懂言外之意。有时候，甚至不说话，只是一个眼神、一个动作就包含了很多意思，这当然需要彼此的默契。如果没有默契，要清楚对方到底说什么，确实很难。

苏东坡被贬至黄州后，一天傍晚，和好友佛印和尚泛舟长江。忽然，苏东坡用手往岸上一指，笑而不语。佛印顺势望去，只见岸边有一只黄狗正在啃骨头，顿有所悟，便将自己手中题有苏东坡诗句的扇子抛入水中。两人心领神会，不禁相视而笑。

原来，这是一副哑联。苏东坡的上联是"狗啃河上（和尚）骨"，佛印的下联是"水流东坡尸（东坡诗）"。

当然，要达到苏东坡与佛印这种心灵相通的程度，除了默契之外，还要有较高的智商才行。

除了听还要想

指鹿为马的故事大家都很熟，人们把指鹿为马理解为不明是非、颠倒黑白，其实未必恰当。也许赵高只是借此试探一下自己在朝廷的权势究竟如何，其真正的话意是:“你们是服从秦二世，还是服从我？”我们嘲笑群臣不分黑白，其实他们才是真正听得懂话的人。

有一天，我搭出租车到某地。由于大路发生事故，所以司机改走小路。但小路蜿蜒曲折，司机不太熟，越走越觉得没有把握，便停下来，问路旁一位老先生：“请问我要到 ×× 去，怎么走？”

老先生气定神闲，不慌不忙地回答：“有路就可以走，多问几次就会到。”

这两句话，我觉得十分有道理，同时又觉得摸不着头脑。

司机表示感谢，很有信心地向前驶去。

我觉得很纳闷，问他：“你知道怎么走了？”

他说：“知道。‘有路就可以走’，表示我走的路是对的。如果我走错了，他会把手一扬，指向正确的方向。现在我走对了，他不必举手，所以说有路就可以走，告诉我顺着这条路一直走下去。‘多问几次就会到’，意思是后面会有几个比较复杂的岔路口，那时候一定要问路，不要乱闯。”

经他这么一解释，我才恍然大悟。原来中国话如此简单明了，两句话就可以交代清楚。但听者必须动脑筋才能听懂。现在有些人只听不想，以致听不懂话，实在是一种遗憾。

听话不如“看”话

很难听懂话，是作为中层干部真正的难处。中国人说“不要听他的话”，其中含有“中国话不能只用耳朵听”的意思，必须特别小心。中国人很少说“听他说什么”，反而常常告诫他人：“看他怎么说。”也就是说，中国话不能只用耳朵听，应该配合用眼睛看。

中国话听起来含含糊糊，“看”起来清清楚楚。短短一两句话，含意却很深刻，所以“看”了之后，还要多想。如果不好好想，还是弄不清楚话意。也就是说，“看”话不能仅凭一双眼睛去看，还要用“心”，才能够真正看清楚，才能领悟“话中的话”以及“话外的话”。比如，一句“你看着办吧”，究竟是“全权委托你”，还是“猜猜我的用意”，甚至“居然搞成这样子，你自己收拾烂摊子吧”？短短五个字，足够让别人思前想后了。凡是耳朵听不懂的时候，就要用眼睛看，还要动脑筋想。

“心眼”要大，才听得真实。“心眼”太小，成了“小心眼儿”，就会“以小人之心，度君子之腹”。如果对方有难言之隐，有说不出来的苦衷，有说出来反而彼此尴尬的事情，千万不要用不正当的心思去曲解。

“随便”并不随便

有些人常把“随便”二字挂在嘴边。请客吃饭时，总是说：“没有什么好菜，随便吃点。”实际上菜肴却十分丰盛。假如客人真的丝毫不客气，大吃特吃，即使宾主交情甚深，主人也会不太舒服：又不是只有你我两人，当着我的妻儿，你也未免太随便了！

“随便”的意思有两种：一是“随意、任意”，一是“不拘束、不认真”。但是，在日常生活中，随便是一种人与人之间相处的“艺术”。

“随便”——考验你的诚意

当你问对方要什么，对方说“随便”，意思是说：衡量你自己的能力，可以提供什么。其实，说“随便”是不想为难对方，但是，如果你傻傻的真的“随便”，对方会认为你轻视他。

你请我吃饭，问到哪里用餐，我当然不能直截了当地提议上豪华酒楼，万一你认为那样不值得，我岂非自讨没趣？不过我也不愿意自贬身价，一开口就选择普通餐厅，非但显得土气，对方也未必领情。最好的办法，还是说“随便”。至少可以了解你认为拿什么招待我最合适，进而了解我在你心目中的地位，以便调整自己所应表现的态度。你经济拮据，只能够请我上普通馆子，我照样吃得高兴，因为你够诚意，我不在乎吃什么；如果你手头宽裕，豪华酒楼也请得起，却只请我上普通的馆子，我就知道你不够意思。

甲和乙是好朋友，一天，乙到甲家里做客，甲热情招呼，顺口问他：“喝点什么东西？”乙回答：“随便，随便。”

甲当然心里有数：家里确实有好酒，是留给上司丙的，现在当然不能拿给乙喝。衡量与乙的关系，决定泡一壶好茶招待他。

乙见甲并没有敷衍他，自然很高兴，也知道自己在甲心里的分量。

正在此时，丙不期而至，明显就是来喝那瓶好酒的。此时，甲该不该将好酒拿出来？如果拿出来就会得罪乙，不拿出来又会得罪丙。这种两难的情况却也难不倒深谙圆通之道的甲。

甲对他太太大声说：“我刚才找了半天，你到底把那瓶好酒藏到哪里了？”

甲的太太明白甲的意思，就大声地回答：“我昨天收拾屋子，怕把它弄脏，特地藏起来了。”

话音未落，甲的太太就拿着好酒出来了，并准备了丰盛的下酒菜。乙和丙都很高兴，当然，甲将危机巧妙地化解于无形，更是高兴。

案例中有个细节：“大声说”，不知大家注意到没有。甲很清楚，丙提前来就是想喝自己的那瓶好酒，可是乙来了自己没拿出来，等丙来了才拿出，乙心里肯定不高兴。可是不拿出来，就会引起丙的不满。拿也不是，不拿也不是，但是高声说话就解决了问题：“刚才找了半天”就是告诉乙“我本来想请你喝，但是没找到”；而丙明白，就算乙是甲的好朋友，还是没我的面子大，哪怕是“特地藏起来了”，到了紧要关头，也得拿出来。大家遇到相似境况时也可用这个“绝招”：用高声说话来向别人传达自己的想法。

“随便”绝对不是含糊，而是“在和谐中找到合理”的一个代名词。你如果真的随随便便，一定没有前途。

“随便”——不足以表达全部的敬意

“随便”表示具有“仅凭物质不足以表达全部的敬意，必须用精神来补足”。

以请客吃饭为例，主人即使准备很多佳肴，仍然说“随便吃点”，意思是这些菜虽然很好，但总觉得应该有更好的，才足以表达主人对贵宾的敬意。如果客人认为过于丰盛，就会说“太破费了”；如果客人觉得不过如此，既然主人说了“随便吃点”，那客人也不会不满。

你送别人礼物，如果东西非常好，你也要轻描淡写地说“随便买的”，这不是谦虚，而是“千里送鹅毛，礼轻情义重”，精神重于物质。同时，也希望对方不会有“受之有愧”的负担。如果东西并不好，一句“随便”，表示“我已经尽力，希望你能够谅解”。只要尽力而为，对方多半是会体谅的。

“随便”——我有看法，但不便说

“随便”暗示“我有我的看法，只是不便说出来”。“随便”是孔子的“无可无不可”观点的体现。人与人之间的关系很微妙，时时有变化，如果不加考虑便贸然说出自己的意见，很可能使对方为难，不如先说“随便”，好让彼此有个商量的余地。

既然“无可无不可”,“随便”就不是对“任何人、任何事、任何地”都通用的。有时候，随便说“随便”也会给对方造成困扰。

例如，晚辈对长辈最好别说“随便”，否则就显得太随便。朋友之间也有不宜说“随便”的情况，同是请客吃饭，说“随便”可以让主人根据自己的情况准备，但是如果主人境况不好，要保全主人的“面子”，就不宜说“随便”，最好说：“我最近肠胃不好，很怕油腻，就在附近这家饭馆吃点素菜就行。”有人托你帮忙，要请你吃饭，你就要暗自盘算一下，“吃人家的嘴软”，背负人情太重，哪里敢说“随便”，赶忙借故推辞，心领为上。

“随便”——以合理为原则

“随便”是以“合理就好”为原则，并非“差不多”就行。应该说“随便”的时候，才能说，不该说的时候，就不能说。别人在对你说“随便”的时候，如果他不是随便说的，那就等于说：“你自己想想，怎么才合理。只要合理，我当然就随你的便！”

“随便”绝不是“马马虎虎”。将心比心，我们既不希望人家“马马虎虎”待我，当然也就不可以“马马虎虎”待人。该“随便”才能随便，不该“随便”绝对不能随便。

我们一方面不能随便说“随便”，另一方面也不能随便处理别人的“随便”。以“不随便”的态度来“随便”，才合理。

不反对并非赞成

不偏不倚是很多人的基本立场，他们秉持既不反对也不赞成的态度。在征求部门员工意见的时候，你会发现他们基本上说的都是既不赞成也不反对的话。

不愿意公开表态的原因

任何事情，总是不断地变化：原本可以赞成的事情，到最后使人不得不反对；而原本应该反对的事情，也可能变得应该赞成。事情总是不尽如人意，所以只能赞成一部分而反对另一部分。当把一切弄清楚，而且不再改变的时候，自会有一个准确的答复。但是，即便如此，警觉性特别高的人也尽量避免公开表态。因为一旦明确表示赞成，那些不希望他赞成的人就会给他施加压力。相反，如果他反对，那些不希望他反对的人也会频频阻挠，徒增许多麻烦。所以，最终造成了有些人凡事都含含糊糊地说："这件事嘛，呵呵呵……"

之所以这样，是因为没有安全感，赞成或反对就像下赌注一样，万一押错宝，可能会造成严重的后果。只要保证他的安全，要他表明赞成或反对的立场，其实并不难。古时候，大臣要说一些可能冒犯皇帝的话时，总会先请皇帝饶他不死。这就是在寻求一种"安"的状态。

兼顾赞成与反对，适当表达自己的意见

如果有人问你："你赞成领导这样处理吗？"那可要小心了，他可能挖了陷阱让你跳。你说"赞成"或"反对"，都会对自己不利，不是被利用，便是被嘲笑。碰到这种情况，你可以反问："你认为如何？"然后兼顾赞成与反对双方的看法，适当表达自己的意见。而被反问的人也是同一态度，或者采用"我也不反对"或"我也不赞成"来应付。

赞成之中有反对，反对之中有赞成

也许有人认为中国人不实在、见风使舵、虚情假意、缺乏胆识、不敢担当。其实中国人既不赞成也不反对，是赞成之中有反对，反对之中有赞成，并非不分是非、糊里糊涂，或者怕惹事端。先赞成后反对，或者先反对后赞成，对方比较容易接受，这种攻心术是中国人的独特手法。

例如：“我毕业后马上出国留学，你赞成吗？”如果你不赞成，最好回答：“我不赞成你马上出国，但是如果你准备得十分周全，知道自己所要学的是什么，将来学成之后要做什么，我当然不会反对。”

既不说赞成也不说反对的理由

既不说赞成的话也不说反对的话，一方面保证自己的安全，另一方面可以增强对方的责任感，凸显听者的自主性，使其更加重视自律和自动。一旦表示赞成，听者受到很大的鼓励和支持，可能大意失荆州，造成阴沟里翻船的惨剧。而一旦表示反对，听者受到挫折，可能因而放弃，或者缺乏信心。不赞成也不反对，听者才会面对现实，用心地研究判断，自己做最后的决定。

公开表示赞成或反对，都不可靠，不如采取观察、试探、测试、迂回打听等方式来加以判断。若是因为怕得罪人，吞吞吐吐，既不敢赞成也不敢反对，那就是心术不正，终将被别人厌恶，自己也不会有什么好前程。合理的赞成加上合理的反对，才是正当的行为。

在人际交往中，圆通的人不应该直接问别人是否赞成或反对，以免给人别有用心之嫌，一般只问语气较弱的问题，如“你有什么看法”。

看清楚之后，合理地表达反对或赞成的意见；尚未看清之前，千万不要冒冒失失地说出“我赞成”或“我反对”，以免被利用，或被人看不起，弄得自己骑虎难下。

做事小心谨慎

“合理就好”的理念使得很多人一言一行都要把握好分寸。所以有时你会发现，有些员工非常谨慎，在公司里的表现，就像林黛玉进贾府的表现一样，不肯轻易多说一句话，多行一步路。

有人才有事，先弄清对方是谁

你要记住，“有人才有事”，而且“事在人为”，很难“对事不对人”，所以要把人和事联系在一起。你听到一句话，如果不清楚是谁说的，就不要急于判断它究竟是对还是错、是真还是假，首先是要弄清楚对方是谁，这是开展人际交往的第一步。

相传，清代大书法家郑板桥去一个寺院游玩，并去拜见方丈。方丈见他衣着俭朴，以为他是一般俗客，就冷淡地说了句“坐”，又对小和尚喊“茶”。一经交谈，方丈顿感此人谈吐非凡，就将郑板桥引进厢房，一面说“请坐”，一面吩咐小和尚“敬茶”。又经细谈，得知来人是赫赫有名的“扬州八怪”之一郑板桥时，方丈急忙将其请到雅洁清静的方丈室，连声说“请上坐”，并吩咐小和尚“敬香茶”。

最后，这个方丈再三恳求郑板桥题词留念，郑板桥思忖了一下，挥笔写了一副对联。上联是“坐，请坐，请上坐”；下联是“茶，敬茶，敬香茶”。方丈一看，羞愧满面，连连向郑板桥施礼，以示歉意。

这个故事通常用来讽刺方丈势利眼，其实方丈是根据对方的身份，采取了相应的方式和态度，只不过一开始没弄清楚，看走眼罢了。

平时生活中，你可以用不同的标准来对待不同身份的人。在公司里，如果你的职位比我高，那你说什么都比较正确；如果你和我平级，那就以“来而无往非礼也”的态度对待你；如果你的职位比我低，我不会以大欺小，但也绝不容许你以“下”犯“上”。有人会说，这不是没有是非观念吗？但事实并非如此。

有人才有事——上司的事

在中国社会，职位低的人不宜反驳职位高的人。例如，老板是你的上司，他冤枉了你，你该怎么办？如果据理力争的话，他也许会认识到是他的错而非你的错，但这又如何呢？他身为老板，竟然失察而冤枉了你，一定会觉得很没面子。

没有面子的时候，最重要的是设法找回面子。如何找呢？很简单，一心一意地找你的毛病，只要被他找着了，他的面子便全回来了。如果有人一心一意找你的差错，你真的插翅难逃，因为“人非圣贤，孰能无过”，你迟早会被逮个正着。

如果上司冤枉你后，你保持沉默，表面上看你是忍辱负重，其实不然。上司看到你居然一言不发，就会觉得奇怪:“这个人怎么回事？难道我冤枉了他？”于是，他自然想着解开谜团，结果发现自己确实冤枉了你，并由于自己内心愧疚而善待你。

通常，上司冤枉你，纯属偶然，很少有上司故意颠倒是非，存心为之。但是你若不幸碰上这种上司，足以证明上司早已容不下你。在这种情况下，你据理力争又有何用？不如另谋高就。如果你没有其他出路，最好忍气吞声，说不定上司见你一直逆来顺受，网开一面，不再针对你。

如果你不幸遇到的是个迷糊的上司，你说得再对，他都可能斥之为狡辩，于事无补。不如安静下来，好好做事，以免被他抓住把柄。

迷糊的上司不好，但过于是非分明的上司也很难相处。因为太过分明，以致刚愎自用的人，总是认为自己的看法都是对的。说你错，你就错。你据理力争的话，只会弄得面红耳赤。

如果你的上司不是以上三种人，那他就是无心犯错。这种无心的过失，是应该谅解的。没有必要得理不饶人，让无心错怪你的上司难堪，所以应当用沉默来暗示他有错误，使上司自己察觉，自行校正。

有人才有事——平级的事

如果在公司里，一个与你职位相当的中层干部发现你的错误却没有当面告诉你，而是到处宣扬，那你只有全力找他的差错，照样宣扬一番，让他尝尝同样的滋味。这不是面子问题，也不是心胸狭窄的表现。而是“交互主义”，即你对我好，我也对你好，相反，你不仁就别怪我不义。如果他发现你有差错，当面规劝的话，虽然你一时可能无法接受，但是他既然说的是事实，出发点又是为你好，你终究会心生感激，又怎么会记恨他呢？但他却没有和你说，反而到处宣扬，分明是让你难堪。

有人才有事——下级的事

如果你的下属或者是另一个部门职位比你低的人在背后议论你的过失，你通常会毫不犹豫地“修理”他一下。而且“当年别人教诲我，如今我也应该教诲别人”的想法，很容易变成理直气壮的借口：“修理”他，是让他明白做人的道理，有话最好当面说，不要背后胡扯。

所以，对象不同，你采取的措施也应该不同。先弄清楚是谁说的，然后再行定夺，这就是一种“经”，如何应变，则是个别的“权”。

我们一直重视伦理，对于人的身份、地位十分关心。看见或听说一个人，总要进一步追问是什么样的人，并且依据身份、地位作出不一样的反应，才算合理。这样才能建立良好的人际关系，以便进一步达成预期的目标。这不是势利眼，只要保持合理的程度，不要前倨后恭，没有什么不好。

用不相信的立场来相信，才不会上当

“小心不要上当”，并不是“不要相信别人”，而是不要给坏人可乘之机。

正因为小心，才会时时用心。可以相信的时候，“疑人不用，用人不疑”；不可以相信的时候，“知人知面不知心”，“人心善变，不可不防”。这些话都是我们常说的，看起来互相矛盾，却是因“时”而制宜。

在公司里，你可以选择相信下属，也可以选择不相信下属。你相信下属，万一他骗你，大家就会嘲笑你，“三两句话，把他骗得团团转”，结论是你“缺乏判断力”。但你不相信下属，又怎能与其相处？怎能把工作安排给他？所以，在信与不信之间，需要自己拿捏。

一般情况下，我们当然应该相信别人，但是只能相信到合理的程度。遇到不合理的地方，就不应该相信。站在不相信的立场来相信，才不至于一相信就上当。对任何人都相信，受骗的概率就会大大增加。你无法要求别人绝对诚实，因为没人能做得到，所以只能自己小心。“防人之心不可无”，这句话永远不会过时。

凡事都追求合理

在公司里，你把事情做到合理的地步，上司和下属才会接受。例如，公司的制度，大家都知道制度要遵守，但也清楚制度容易僵化，易变得不合时宜，因此在制度范围内，多半喜欢权宜应变，以求合理变通。凡是不会变通的人，都会被人斥为“死心眼”“死脑筋”。

要求他人合理之前，先求自己合理

既然人与人之间是相互影响的，在管理下属的过程中，就应该“反求诸己”，即“要求他人合理之前，先求自己合理”，用自己的合理来影响下属，使下属也能合理。自己不合理，却希望员工合理，结果经常不如意，这时怨天尤人也是枉然。

但是，合不合理，各人的标准不一，你认为合理，我可能认为不合理，因此这个“合理”也会引起很多争执，产生很多不愉快。不过，凡事自己求合理，容易获得别人的好感。即使你的“合理”和下属的“合理”标准不同，但你的出发点是好的，至少问心无愧。至于是否会引起争执，听天由命吧。虽然这听起来比较消极，但总比表现出不合理的行为，使大家不高兴，甚至造成误解好。

通过他人的反应来判断自己是否合理

他人的反应就像一面镜子，如实地反映出你的行为是否合理。比如当员工表现出不合理的行为时，不要指责他的缺失，而应该反省自己的行为是否合理。如果是自己的行为不合理，马上调整过来，员工也可能随之表现出合理的行为。要改变对方，最有效的方法是先改变自己。

乙和丙是熟人。一天，甲和乙聊天时，甲突然提到丙，问：“你认识丙吗？”乙的第一反应是“不认识”，因为他不知道甲有何意图。

一句“不认识”，虽然只有三个字，却包含以下几种不同的意思：

“真的不认识。”

“虽然认识，但是并无交情。”

“认识是认识，跟不认识差不多。”

“你有什么事情，要问我认不认识。”

“你少打我的主意，我认不认识与你无关。”

说“不认识”有很多好处：

第一，减少许多风险，省却许多口舌，避免许多麻烦。如果乙在不清楚甲的意图时就说认识，甲接下来很可能说：“那真是太好了，我正好有一件事要找丙帮忙，麻烦您帮忙引见一下好吗？”这不是自讨苦吃吗？这时候说“好”，会增加不少麻烦；说“不好”，等于驳了甲的颜面，令甲不满：“这点小忙都不愿意帮，还说是朋友呢！”

当丙身居高位时，乙如果先说“认识”，事情来了，再推说“不认识”或者坦白说明自己不愿意帮忙，甚至直接指称对方根本没有权利提出要求，都是伤感情的做法。

第二，可以探听信息。如果丙对乙心存不满，忍不住对甲抱怨几句，甲如果不清楚乙和丙的关系，多半不敢直截了当地传话过去，必然先问：“你认识丙吗？”假若乙说“认识”，甲就不会再说什么，以免有搬弄是非之嫌，而乙也徒然失去获得信息的机会。若乙说“不认识”，甲才会放心地把丙的话告诉乙，乙也能了解丙对他的不满，以便采取适当的对策。

有很多人认为，朋友的朋友是朋友，敌人的敌人也是朋友，所以三个人之间的关系很复杂。正因为如此，一个人在不清楚对方的意图时，是不会承认自己和另外一个人的关系的。因此，贸然问起别人之间的关系，很难得到正确的答案。明明认识却装成不认识，这种不合理的行为完全是因为甲不合理在先。

打听别人之间的关系，一开始就应该把目的说清楚。比如："你认识丙吧？他托我给你带了点礼物。"乙一定回答"认识"。如果一开始不能做到合理，直接问："你认识丙吗？"得到"不认识"的回答后，就要调整："哦，他说和你很熟，还想约你吃个饭呢。"那乙也会向合理的方向调整。不要以为从"不认识"调整到"认识"很难，中国人拥有足够的智慧，可以进退自如，因为凡事早已留有余地。乙只需作恍然大悟状："哦，你说的是他啊，抱歉抱歉，刚才没听清，还以为你在说 ×× 呢。"

先说明自己的目的，再去问对方，以便给对方斟酌的空间，这才是合理的行为。不要责怪别人不诚实，不要认为一切不合理都是"我"以外的人造成的。殊不知种种缺失，实际上都与"我"密切相关。

圆通而不圆滑

人们历来崇尚君子，但事实上君子斗不过小人的情况比比皆是。

因为小人非常重视人际交往技巧，善于打动别人的心，进而抓住别人的心。而君子往往觉得自己做事凭良心，不必讲究什么技巧，因而常常得罪人。这是君子不如小人的地方。如果你是君子，为什么不试着提高一下人际交往技巧，来获得上司和下属的好感呢？这样既能在公司里如鱼得水，也能增强自己的竞争力。

中国人最讨厌圆滑，任何人只要给人一种“滑头”的感觉，便成为别人心目中“狡猾的人”。小人圆滑而被人鄙视。那你当然不应该圆滑，但是要足够圆通，否则就会在与小人的斗争中处于劣势。

圆通是受人欢迎的，但可悲的是，现代很多人缺乏深度，看事情不能“入木三分”，将圆通都看成圆滑。圆通和圆滑表面上看起来几乎不分轩轾，都是“推、拖、拉”，一副打太极拳的模样，但二者有着本质的不同。

第一，过程完全相同而结果截然不同。“推、拖、拉”到最后，把问题圆满解决，便是圆通；“推、拖、拉”到最后，没有解决问题，或者解决得不够圆满，那当然是圆滑。

第二，圆通的人善于利用“推、拖、拉”的短暂时间来充分思考，寻求此时、此地合理的行动方案，以便减少阻力，使大事化小，小事化了；圆滑的人只想利用“推、拖、拉”拖延时间，逃避当前的问题，根本不想解决问题。

第三，圆通的人用“推、拖、拉”来降低竞争的压力，使大家觉得经过“推、拖、拉”之后得到的答案，应该可以接受；圆滑的人，则冀望于不经由竞争，便能够获得胜算，或者不愿意应付挑战，悄悄地逃之夭夭。

圆滑与圆通有着本质的不同，但是很多人盲目排斥“推、拖、拉”，视“推、拖、拉”为落伍、陈旧、腐败的手法，把圆通和圆滑都看成可恶的行为。因此失去圆通的本事，真是得不偿失。其实，合理地“推、拖、拉”，把“推、拖、拉”的功夫发挥到出神入化的地步，这就是圆通。如果一味地认为“推、拖、拉”是坏事，那就会事事看不惯，甚至整天不愉快。

不可否认，圆通有圆滑的成分，但也含有不圆滑的成分。我们先接受圆通的概念，再观察圆通的事实，分析圆通的要素，才可以学得圆通的精髓。

第一，将心比心是圆通的先决条件。多以欣赏的眼光来体会他人的圆通，比较容易吸取他人的经验，迅速成长。常以厌恶的心情来批评他人的圆滑，结果只有生气的份儿，失去学习他人宝贵经验的机会。

第二，不要完全排斥或放弃“推、拖、拉”，也不能够凡事都“推、拖、拉”，以免一不小心，就变成令人厌恶的圆滑。

明哲保身最要紧

“明哲保身”是很多人秉持的人生哲学，他们凡事先求自保。遇到突发状况，就会遵循明哲保身的哲学分析形势，当进则进，当退则退。形势不利时，会及早抽身，认为“留得青山在，不怕没柴烧”，何必逞匹夫之勇？也有很多人反对“明哲保身”，认为善于明哲保身的人怕死、虚伪、消极。但是，如果一个人连自己都保护不了，其他的都没有意义。明哲保身主要表现在以下几个方面：

深藏不露

一个人如果把自己的实力表露无遗，很容易遭人算计，岂不是自讨苦吃？有些人就算没有本领，也要装成很能干的样子；有些人有多少本领，都要找机会表现出来；还有些人深藏不露，静观其变，再衡量情势的变化，以对自己最有利的做法，做到“不鸣则已，一鸣惊人”，立于不败之地。

深藏不露有三个好处：

第一，人怕出名，猪怕壮。人的名气越大，麻烦就越多。越有能力，承担的责任越重，能者必须多劳，没有人会感激你，而且容易招人嫉妒。因此，不如隐藏实力，凡事量力而为。

第二，那些自我膨胀，把自己看得很伟大的人，大多人都是抱着敬而远之的态度，背后则嘲笑他们夜郎自大，不自量力，很是看不起。

第三，即使自己的本领高强，也要慎防人上有人，强中更有强中手。所以要深藏不露，以免泄露自己的实力，招致对手的攻击，对自己不利。

喜欢保留实力、不强求出头，并不是说这些人奸诈、不实在。相反，谦虚会给人一种高深莫测的感觉。比如，大家在打球，招呼你也参加，就算你天天练习，也要谦逊地说："好久没有打了，生疏啦。"大家让来让去，你才登场，不费吹灰之力，把对手一一打败。就算如此，也没有人觉得奇怪，因为大家明白你刚才不过是深藏不露罢了。

深藏不露并不是不露，而是站在不露的立场，求得合理的露，以免露得过分或不及，对自己有害。有能力必须合理地表现，凡事量力而为，才能恰到好处。

以让代争

人与人之间难免会竞争。有的人争起来常常不择手段。能够不争的，大家都不要争，一定要争的，便以让代争，这才是君子之争。

什么都要争，最后就会迷失自己，不知道自己在争什么，为何要争。而且会给别人留下恶劣的印象，使大家提高警觉，甚至联合起来，一点机会都不给你。因此太喜欢争的人，经常什么都争不到。如果什么都不争，只想到舍，同样也会迷失自己，不知道自己要什么，什么不要，而且给人一种消极、不愿意负责任的不良印象。

只有该争的争，不该争的舍弃，把"争"和"舍"结合在一起，争到好像没有争一样，才圆满。以让代争便是兼顾"舍"与"争"的权宜措施，站在"不争"的立场来"争"，才不会乱争，才能争得恰到好处。但是"让"并非消极的"让"，而是在冷静思考之后，让最合理的人来做最合理的事。千万不要心里不情愿，却打着谦让的幌子，那是虚伪。

如果让来让去，最后觉得自己才是最合适的人选，这时候就应当仁不让。此时，关键在于把握“当仁”的尺度，要从事情的性质、轻重、缓急、大小来判断。

虽然是当仁不让，但是也应该“半推半就”，以示实在没有办法，推辞不掉，才勉强为之。“半推半就”必须诚心诚意，一方面表示“我虽然勉强接受，仍然随时准备交给比我更合适的人”，另一方面让没有当选的人有面子。比如你被选为部门主管，必须要表明你不想当，极力推辞，说自己能力不行，经验不足，体力也不好，做事情没有耐心，把各种理由都列出来，最后盛情难却，只好“勉强为之”。这样做也是为自己留条后路，但千万不要以此为借口偷懒。一旦你接受了，就必须负起责任，才不辜负大家的期望。

留一手

很多人喜欢将自己的绝技保密，就算传授给徒弟也要“留一手”。这一直为人诟病，因为“留一手”，造成很多技艺失传。其实，这是一种自保心态，并非完全没有道理。因为师傅要防止两种情况：一种是教会徒弟，饿死师父；另一种是教会徒弟，杀死师父。

年富力强的师父凭着威势和丰富的经验，或许能够制服徒弟；而年迈体衰的师父，如果不幸遇到徒弟翻脸不认人，就会悔之晚矣。“年老慎择徒”就是这个道理。如果遇到忠良可靠的徒弟，师父自会倾囊相授，怎么会留一手？从古至今，凡是能够发扬光大的，大家并不主张“留一手”，反而毫无保留地让全世界的人来分享。“留一手”本身并没有好坏，关键在于“留得合理不合理”。

儒家讲究“反求诸己”，徒弟发现师父秘而不传，不应该埋怨师父，而是应该自我检讨：为什么我在师父眼中这么不可靠，弄得师父必须痛心地留一手？而为师者，应尽可能将技艺发扬光大，并想办法找到合适的传人，教他、导正他，让他刚正不阿，这才是秘传的真义。

事实上，对于想学的人，“师父留一手”跟“倾囊相授”基本上没有什么差异，即使师傅留一手，照样学得很好；不想学的人，即使师父倾囊相授，照样学不好。“留一手”不过是学得不好的人常用的一种借口。在中国人看来，用“师父留一手”来骗别人，给自己留个面子，尚属可行。若是连自己都骗，真的把责任都推给师父，那实在太不可取。“留一手”是说给别人听的，不是说给自己听的。

现在磕头拜师的越来越少了，但是在工作中，师父带徒弟的形式却很常见。这就要求师傅们在“留一手”和“倾囊相授”中拿捏好尺度，使自己既有足够的能力自保，又能将技艺发扬光大。

怕吃亏上当

其实每个人都有这一特性。资源是有限的，人的生命也是有限的，不断地吃亏，岂不是跟自己过不去？凡是说钱财是身外之物的人，大多都很小气。因为一个人如果心里没有某种弱点，就不会强调它。例如一个人缺乏信用，就会强调自己重信用，通过不断地强调，让别人上当。

因为怕吃亏，所以彼此打交道时，以互利互惠为原则，才能皆大欢喜。如果一开始就想着欺骗对方，往往会“偷鸡不成蚀把米”，得不偿失。

每个人都怕吃亏，但是过分地怕吃亏就变成精打细算。其实人算总是不如天算，“机关算尽太聪明，反误了卿卿性命”。因此有人发展出一套“差不多主义”，差不多就是刚刚好，就是恰到好处，就是合理。合理地怕吃亏有什么不对？

因为怕吃亏，所以大家会说“防人之心不可无”，处处小心谨慎。但是，如果防不胜防，真的吃了亏，便会相信吃亏是福，“吃一堑，长一智”。

爱占小便宜

占小便宜，关键词是“小”。一个人爱占“小”便宜，表示这个人不贪，因为贪心的人只想着占大便宜。不要轻易去占大便宜，一方面，天上不会掉馅饼，如果有大便宜可占，首先要考虑有没有问题，会不会上当；另一方面，无功不受禄，要等价交换，得到大便宜必须要付出大代价。

对人们来说，占小便宜只是手段，不是目的。占小便宜是在试探对方，看对方是不是值得打交道的人。不要盲目地为一个人去拼命，要首先考虑值不值得。要判断值不值得，就要看对方舍不舍得，你舍得我就认为值得，你不舍得我就认为不值得。看对方舍不舍得，舍到什么程度，可以判断你在对方心目中的分量。如果对方连鸡毛蒜皮的事都要和你计较，那说明对方没把你放在心上。

齐人有冯谖者，贫乏不能自存，使人属孟尝君，愿寄食门下。孟尝君曰:“客何好？”曰:“客无好也。”曰:“客何能？”曰:“客无能也。”孟尝君笑而受之曰：“诺。”左右以君贱之也，食以草具。

居有顷，倚柱弹其剑，歌曰:“长铗归来乎！食无鱼。”左右以告。孟尝君曰：“食之，比门下之鱼客。”居有顷，复弹其铗，歌曰：“长铗归来乎！出无车。”左右皆笑之，以告。孟尝君曰：“为之驾，比门下之车客。”于是乘其车，揭其剑，过其友．曰：“孟尝君客我。”后有顷，复弹其剑铗，歌曰：“长铗归来乎！无以为家。”左右皆恶之，以为贪而不知足。孟尝君闻：“冯公有亲乎？”对曰：“有老母。”孟尝君使人给其食用，无使乏。于是冯谖不复歌。

这个故事是说，冯谖投靠到孟尝君门下，整天无所事事，却嚷着要锦衣玉食、宝马香车。不要以为冯谖是看孟尝君好说话，想多从他那里捞点好处。其实，冯谖一直在考验孟尝君，看他是不是值得效忠之人。所幸孟尝君通过了考验，后来，“孟尝君为相数十年，无纤介之祸者，冯谖之计也”。

相比之下，平原君就没有孟尝君那么聪明。当时，秦国派大将白起攻打韩国，占领了韩国的野王。野王邻近上党，上党官员看到野王轻而易举就被秦军攻下，怕上党也守不住，就写信给赵国，表示愿意归顺，希望得到赵国的庇护。平原君认为，不费一兵一卒，就可以得到上党这块“肥肉”，为什么不要呢？虽然有人反对说不花力气就得到好处，恐怕会招来大祸。但是，赵王和平原君却不听，把上党划为自己的领地。秦国知道后，认为赵国存心和自己作对，就命令白起率大军攻打赵国。结果赵国的四十万大军全部被秦军歼灭，国都邯郸也被围困，险些灭国。

这就是前车之鉴。所以，和别人打交道，首先要明白，在合理的范围内，大部分人比较喜欢占小便宜，但是也明白“礼下于人，必有所求”的道理，因此想要别人帮忙，只要施以小恩小惠即可。如果施以“大恩大惠”的话，会让别人心生警惕。

自私又爱面子

自私是出于自爱。不自爱的人，心中没有爱，拿什么去爱别人？一个人要先爱自己，让自己的心中充满爱，然后才能去爱别人。但我们首先要判断这个人值不值得爱，值得，才去爱。合理的自私就是自爱。

人与动物的最大不同，就是人有面子，动物没面子。有人认为爱面子是缺点，但我从不认为爱面子是缺点，如果一个人连面子都不爱，那他还会爱什么？面子就是羞耻之心，一个人连羞耻之心都没有，那就无药可救了。

爱面子，向好的方向发展，就是重视荣誉。如果向坏的方向发展，则是爱慕虚荣。更严重的是，如果爱面子爱到不要脸的地步，那就是本末倒置。“面子”是“情”，“脸”则是“理”。爱面子要爱到不丢脸的程度才是合情合理。

为他人保留颜面，对自己有百利而无一害。对方会因此心存感激，会想方设法报答你。有时候，给别人留面子，比给他金银珠宝更有用。

春秋战国时，有一次，楚庄王战胜邻国后大宴群臣，席间叫妃子们代他向大臣们敬酒。一阵大风吹熄了所有的灯，有一将军酒后失态，调戏了一位妃子。黑暗中妃子机智地摘下了那人头盔上的红缨以为凭证，请求大王处理非礼者。但是楚庄王并没有追究，而是让所有的将军都摘下帽子上的红缨。灯再次亮起的时候，就分辨不出调戏者是谁了。

后来，在一次战斗中，楚军被许多敌兵围困，陷于欲进不能、欲退无路的境地，楚庄王大急，就在此时，旁边有一员大将杀出，威猛无比，奋不顾身，杀得周围的敌兵四处溃散，最终挽救了这场战斗。而这员猛将正是那位被宽容的将军！

有些人为了自己的面子常常说一些冠冕堂皇的话，比如家里穷的人，只能吃得起青菜豆腐，就会宣称吃素食有益健康，所以自己常吃青菜豆腐。其实，遇到这种情况，只要无伤大雅，听话的人完全可以听之任之。另外，只要不是存心害人，或者给别人造成不便，用谎话来维护自己的面子，大家很容易谅解。见到有人适当地往自己的脸上贴金，你大可一笑置之，不必拆穿他，否则他丢了面子，会恨你一辈子。但是如此“大话”要在合理的范围内，否则就是夜郎自大，会惹人嘲笑，真成了“不要脸”了。中国人常说任何事情都不可以过与不及，可见合理地爱面子才属正当。一旦过分，害处之多，为害之大，三言两语就很难说清了。

说谎话，有时候是为了保留对方的面子，促使其好好表现，反省改进。有时则是为了保留自己的颜面，促使自己好好检讨，加倍努力，以求表现得更好。

上司问下属："计划书写好没有？"下属心里可能想："糟糕，晚上忘了写了。"但是碍于面子，嘴上却说："写好了，只是早上急着上班，忘带了。"上司明白，这是下属在找借口，如果揭穿他的话，他面子上过不去，以后可能会和自己唱反调，所以只是淡淡地说："哦，那明天别忘了带过来。"

下属因说谎暂时保住了自己的面子，下班后自然会赶快把它写好，放在公文包里，第二天一上班，就把它交上去。下属不但完成了工作，而且吸取了教训：这一次差点惹麻烦，幸亏平时信用还不错，勉强过关，下次不可以再犯，万一被拆穿，不但难堪，还可能受罚。

这样，既可以保证计划书尽早完成，又不会伤了彼此的和气，何乐而不为？

说谎话来保全自己的面子，一般来说，无可厚非。关键是暂时保留颜面之后，千万不要忘记赶快检讨、反省，以便及时改善，合理补救。千万不能骗别人之后，不知反省、不求上进，反而害了自己。比如，有人问："你们是同学，而且上学的时候他还不如你，怎么现在他升了经理，你却只是个普通职员啊？""他呀，擅长阿谀奉承，又会钻营，当然升得快。"用这种话抵挡一番，先保住自己的面子，然后再认真查找原因，以便切实改进，迎头赶上，才算合理。你骗别人，信不信，是他的事，理应由他自己承担所有的后果。骗自己，不但没有人会同情你，反而惹人笑话，当然要极力避免。

和爱面子的员工打交道，只要注意不让其丢面子就行了。当然，如果想办法让对方有面子，那就更好了。适当地恭维一下别人，多说一些对方爱听的话，让对方觉得面子十足，他就会变得很好说话。切记，使一个人觉得没有面子，吃亏的并不是他，而是我们自己。

第三章

Chapter 3

话不必多，要讲得恰到好处

先说先死，因而专门胡扯

为什么会“先说先死”？首先，先说的人说出一番道理来，后说的人站在相反的立场，很容易说出另一番道理。虽然双方都说得头头是道，但后说的人可以针对先说的人进行整理和修补，甚至大挖其漏洞，使得先说的人看起来好像相当没有学问。

其次，先说的人站在明处，底细被人摸得一清二楚。后说的人若是存心挑毛病，肯定能把先说的人整得体无完肤。先说的人，总会有遗漏，后说的人，就可以针对这些缺失大做文章，表现出很内行的样子。

此外，人的身份、地位不同，先说先死的情形也不同。比如，作为中层干部，你先说，说错了就会受到老板的批评，对于你来说，被老板批评很正常。反之，如果老板先说，被你指出毛病，那老板就会很尴尬。如果发火的话，就显得自己没度量；如果不发火，面子实在不好看。

厂长带领客人参观工厂，经过仪表控制室，忽然看见仪表板上有若干颜色不同的指示灯，有的亮着，有的不亮，还有一个指示灯一闪一闪的。

有人问："这个指示灯为什么会闪？"

厂长回答："因为液体温度快到临界点了，达到临界点，灯就不闪了。"听起来好像是这个道理。

想不到厂长刚刚说完，仪表工程师就说："不是那样的，是那个灯坏了。"

弄得厂长极为尴尬。

如果仪表工程师先说，厂长可以责骂他，叫他"先死"。现在自己先开口，不幸又说错了，若是此时指责他，自己就有恼羞成怒的嫌疑，似乎很不得体。

深知先说先死，所以不说正经话

有些人说话模棱两可，相当"暧昧"，而听的人又相当敏感，于是"言者无心，听者有意"，往往好话变坏话，无意成恶意，招来洗不清、挥不掉的烦恼。很多人对闲聊很有兴趣，见面不说正经话，专挑一些没有用的说，就是怕先开口，被别人看穿，让对方有机可乘，徒然增加自己的苦恼。这样做表面看起来是在浪费时间，其实，其目的是让对方先开口，使自己获得有利的信息。

作为中层干部，你要知道"形势比人强"，应时时不忘"造势"，而说废话正可以在不知不觉中造成有利形势。因为废话说多了，难免会有疏漏，透露一些有用信息。如此，你就可以知道对方在想什么，然后采取相应的对策。反之，自己在说废话的时候，也要小心言多必失，以免被对方抓住“把柄”。

另外，说话要“不明言”，即“不说得清楚明白”，而是“点到为止”。因为一部分是我们说的，一部分是别人猜的，大家都有面子，同时也不容易被别人抓住把柄，最大限度地避免先说先死。

站在先说先死的立场有话直说才是真功夫

很多人“有意见也不一定说”，往往鼓励别人先说，然后见机行事。他若不认可别人的话，就大肆抨击，抓住别人说话的漏洞，添油加醋地陷害，使别人哑巴吃黄连，有苦说不出。他若认可，有可能赞扬备至，也可能把别人的话改头换面，当作自己的真知灼见。这种让别人站在明亮处，自己躲在黑暗处的作风，使得别人不敢开口说话，造成很多沟通的障碍。

如果你不知道“先说先死”的道理，常常会死得不明不白，但如果只知道“先说先死”，就会让人觉得难以沟通，对自己的前途非常不利。

“先说先死”固然是事实，“有话直说”也可能有很多好处。既然二者各有利弊，强调“先说先死”，站在“先说先死”的立场有话直说，才是真功夫。“先说先死”是“根本”，“有话直说”不过是“作用”。有些人本末倒置，强调“有话直说”，等到自己吃亏上当了，再来怨天尤人，又有何用？

有话直说而不致害死自己的人，才是有真本事。他们以“先说先死”的基本原则作为直说而不死的最佳保障。

一味不说，同样死得很惨

“先说先死”的观念，使大家浪费了很多宝贵的时间，造成了沟通的障碍。所以明白“先说先死”的道理之后，还要告诫自己“不说也死”。

小丽是老板的秘书，一向勤勤恳恳、规规矩矩。星期四时，公司通知星期五有个舞会，小丽很想参加。虽然公司规定星期五可以不穿正装，但是身为老板的秘书，小丽不敢穿得太随便，每天都穿着职业套装。可是总不能穿职业套装参加舞会吧？因此,小丽穿上了连衣裙，把自己打扮得漂漂亮亮的。老板虽然看着很不舒服，但没说什么。

下午，老板通知她：“3 点有个紧急会议，你准备一下，负责会议记录。唉，你怎么穿成这个样子，赶快换掉。”小丽这才说：“公司有舞会，何况今天是星期五，公司规定……”老板火了：“到底是舞会重要还是工作重要？”

小丽认为自己并没有违反公司规定，回答得理直气壮。殊不知，小丽如果回答得没有道理，老板还可以批评她。她回答得有道理，老板更下不了台，于是恼羞成怒，逼小丽换掉连衣裙，否则“炒鱿鱼”。小丽只好赶快打车回家换衣服。

不要以为多说多错，不说不错。有话不说往往会使你陷入被动的境地。

如果小丽一开始就向老板暗示今天是星期五，可以穿便装，也许老板就不会那么在意了。

如果领导交给你一项很复杂的任务，你完成不了，又一直不说，最后任务完不成，那所有的错都是你的。如果你早说了，领导就会想其他办法。凡事刚开始的时候，都有转圜的余地，而你明明完不成任务，还一声不响，硬着头皮继续做，往往贻误了时机。

如果你很少说话，别人就很难了解你，包括你的领导，所以你也不可能获得晋升的机会。孔子欣赏木讷的人，却也主张言词必须通达。少说话很好，但是少说话绝对不是不说话。

如果你和老板一起去拜访客户，老板不小心说错了话，你却不提醒，老板很可能认为你隔岸观火，居心不良，把过错都推到你身上。其实老板让你陪他一起去拜访客户，肯定是认为你会对他有帮助。但是你却袖手旁观，老板当然会火冒三丈。

不能由于害怕“先说先死”而不说，因为一味不说，会导致“不说也死”的不良后果，应该慎重考虑怎么说才不至于一开口就闯祸。凡事在说与不说之间，看情势、论关系、套交情，衡量此时、此地、此事，对此人应该说到什么程度，才算合理。

由于很多人受到“先说先死”的影响，不敢沟通，所以特别提醒大家“不说也死”。“不说也死”是告诫我们，不沟通就难以协调与其他人的关系。大家都不说，根本无法沟通。不能沟通，当然无法协调。希望大家摆脱“先说先死”的阴影，多沟通、多交流。

说而不死，才是真功夫

“先说先死”和“不说也死”，构成沟通的两难。既然如此，我们就应该设法加以突破，努力做到“说而不死”。“说而不死”是一门高深的学问，需要你在合适的时候、合适的地点，对合适的人，以合适的方式说出合适的话。如何判断合不合适，就要看你的功夫了。

必须选对合适的人，才能“说而不死”

我们说“事无不可对人言”，又说“逢人只说三分话”，就是因为说话对象不同。有的话对甲说没问题，对乙说就要倒霉了。要想“说而不死”，必须选对合适的人。对知心朋友，当然“事无不可对人言”，而对一般人，则“逢人只说三分话”。

比如一般人问你：“听说你要买辆跑车？”你的反应可能是：“没

这么回事，我哪有那么多钱啊？”而熟悉的朋友若问你相同的话，如果你再否认，你的朋友就会认为你信不过他，所以你可能说：“我最近炒股票赚了点钱，是打算换辆车，但还没选好，你帮我参谋参谋。”说与不说，需要你衡量轻重，对一般人选择保密策略，以免“先说先死”，而对朋友则采取私下透露，以“不说也死”的方式，以求“说而不死”。

只要合理，当然可以“说而不死”

在公司年会上，大家都在聚精会神地听总经理发表年终总结。行政主管发现总经理遗漏了一项重要的行政决定，于是他在便条纸上写下“关于……的决定……”，然后偷偷地递给总经理，提醒他把此决定在会上公布一下。

行政主管的做法很高明。如果等总经理讲完话，行政主管再补充说明，总经理一定会很生气，不但不感激他的补充，而且事后必定气冲冲地指责行政主管：“你以为我把那项决定忘了吗？我记得比谁都清楚，只不过我认为暂时不宜在会上宣布，没想到你自作聪明，招呼都不打一声，就宣布了。”而行政主管必定会因“先说”而“先死”。

如果总经理真的忘了，而行政主管不说，那行政主管就会“不说也死”：总经理会认为他根本心不在焉，这么重要的事都不提醒一下，此人不可信。

在说与不说之间，行政主管选择了一种合适的方式——不明言。该提醒的也提醒了，至于总经理说不说，由总经理自己决定。无论此事产生什么后果，总经理都不会怪他。

业务经理陪老板到客户那里谈判，客户提出让利 3%，业务经理当场拿出计算器，熟练地计算一番，然后把结果显示给老板看，嘴上说："不行，这样我们就无利可图了！"老板看看结果，心里明白，接着说："虽然如此，但是看在老客户的分上，再想想办法吧。"

明明可以接受，业务经理却说不行，实则将决定权交给老板。老板若同意，等于给对方一个人情；老板若不同意，则有充分的理由拒绝。所以，业务经理真正做到了"说而不死"。如果业务经理计算完，不和老板商量，就马上说"接受"或"不接受"，等于没把老板放在眼里，势必"先说先死"；如果业务经理计算完，一句话也不说，就等着老板做决定，老板就比较为难，因为他的做法摆明了告诉对方可以接受，老板再拒绝，岂不是让对方嘲笑？

"说而不死"其实就是说到合理的意思。只要合理，大家都能够接受，当然可以不死。

重真实性，更重妥当性

一个人十分诚实地把心中的话说出来，而且信誓旦旦，一再宣称自己说的是实话，但其他人并不认为如此，还是认为他在骗人。奈何！

产生这种差距的原因在于这个人的表达原则——妥当性大于真实性。他认为自己在说一些真实的话，实际上却大多在说一些妥当的话。

“明天请支援我三个人。”当着老板的面，甲部门主管对乙部门主管说。

“实在没有办法，我自己也忙不过来，人员调动不开，非常抱歉！”乙部门主管回答。

甲很不高兴，因为私下已经和乙协调好了，并且乙答应了，为什么忽然又变卦了，令人费解。但乙完全没觉得自己不诚实，他只是把话说得妥当一些，并没有欺骗的意思。乙认为，私下协调，当然可以明说没有问题。当着老板的面爽快地答应，老板可能会认为他这个部门人多事少，接下来就是减少人员。若真如此，岂非自找麻烦，还要惹人笑话？乙的回答是一种妥当的表述，但是听不懂的人，会真的以为他拒绝帮忙、不诚实。

高明的老板，自然明白甲不可能那么冒失，事先没有征得乙的同意，便冒冒失失地当众提出支援请求，乙也不是言而无信的人，只是为了避免引起不利于己的误会，才如此回应。而老板也不会立即介入，他会静观其变，看看甲的修己功夫好不好。

此时，如果甲不高兴地说："怎么？你昨天不是答应得好好的吗？"说明甲的修己功夫很差，对同仁连起码的信任感都没有，让他吃吃苦头是应该的。而且甲如此不留情面，以后怎么和乙相处？老板只好说："人员调配的事，你们两个再研究研究。"暂时搁置，看看事情的发展如何。

如果甲修己功夫良好，应该知道乙并非不可信任，他只是把话说得妥当一些，算不上骗人。甲反而会反省自己，话说得太真实了，不够妥当，因此赶快接着说："我知道你很忙，但是我确实有需要，请务必支援。"其实这一句话甲早就应该说，不应该等乙提醒才紧急补救。

老板看出甲的涵养和乙的功夫，这才施展出自己的本事，说："实在抱歉，把你们忙成这样。你明天尽可能支援他两三个人，如果你这边忙不过来，我再想办法解决！"

甲若是高明，一开始便应该这样说："我知道你很忙，但是我真是需要你帮忙，会后我们再来商量一下人员的调度，你看好不好？"

乙大概会这样回答："在我需要帮忙的时候，你每次再忙也都想方设法帮我，我现在虽然忙碌，支援你当然义不容辞。"

然后老板说："让你们老是支援来支援去的，实在不好意思，这样吧！有什么我能够做的，叫我来帮忙好了，千万不要客气，反正我闲着也是闲着。"

大家都说妥当话，是不是就能在和谐中圆满地解决问题呢？那也不一定。每次都这样，便是"虚情假意"，只说一些好听的话，完全没有解决问题的诚意，当然不可能圆满解决问题。

说妥当话，必须具备实际解决问题的诚意。甲事先私下和乙商量，是顾虑乙的立场，让他比较方便表达自己的意见。乙满口答应，是因为老板不在场，也没有其他人听到，当然放心地表明乐于支援的态度。人情做到底，因此答应得十分爽快。

没想到甲竟然糊涂到在老板面前直截了当地说出“明天请支援我三个人”的话，等于告诉大家“我们两人已经充分沟通，而且乙答应得很爽快”。这样完全不顾乙的立场，乙当然接受不了。把“明天请支援我三个人”这一句真话稍加修饰，说得妥当些，变成：“对不起，我应该事先问问你可能性的，不过去看过你两次，看见大家都很忙碌。现在冒昧地问你，明天能不能想办法尽量支援我两三个人？一天就好，后天一早就归还。”

甲明明和乙事先商量过，现在甲这样说，当然不是存心欺骗，而是在老板面前，侧面描述乙部门忙碌的情况，让乙放下心来，答应“尽量想办法”。

私底下说的一些真话，公开场合调整得妥当一些，这叫公私两便。但有人脑筋转不过来，就是不明白：“怎么讲得好好的，又变了？”其实一点儿也没有变。

老板听见下属的妥当话，一方面高兴下属互相尊重，同时也尊重老板；另一方面则要真正了解妥当性与真实性之间究竟有多大差距？若是差距很小，有必要调整一下人事；如果差距很大，便要提高警觉，下属善于演戏，必须合理地拆穿“西洋镜”，才能够纠正歪风。管理从某种角度来说，便是控制其差异性。任何差异都值得注意，采用合理的成本和方法来加以控制，使差异的变化合乎控制的标准。语言或文字沟通，同样需要合理的控制，才能收到预期的效果。妥当不妥当，便是合理不合理，所以仍然以合理的妥当、合理的真实为拿捏的尺度。

沟通三要则

"我告诉你，你不要告诉别人。"

"你如果要告诉别人，就不要说是我说的。"

"你如果告诉别人是我说的，我一定说我没有说。"

这三句话，代表中国人沟通的三个要则：

第一，我说的话，你相不相信？或者相信到什么程度？要不要转述？或者转述到什么程度？都必须由你自己决定，不要赖到我的头上。我告诉你不要告诉别人，事实上并没有什么约束力，只是好意提醒你，你自己做主。

第二，你如果决定要告诉别人，表示你已经充分明了、相信我所说的话，并且经过考虑，这时候你所说的话，已经是你自己研判之后的信息；而你所要告诉的对象，也是你自己所审慎选择、决定的。一切都与我无关，所以不必再把我扯进去，说是我说的。

第三，如果你一定要告诉某人，却又指名是我说的。鉴于这个对象根本不是我选择的，要说哪些话、说到什么程度，也不是我能控制的，因此我只有表态：我并没有说这些话，至少我不是这样说的，语气、用语都不相同。

不要明言，使大家有面子

西方社会，是非十分明确，对就是对，错便是错。西方人喜欢公开化、透明化，把一切摊开来，有话明讲。而中国社会的道理，大多是相对的。对中有错，而错中也多少有一些对。“以后还要见面”，成为最有效的半透明原则。不透明化还好商量，一旦抖出来，谁也不见得好过，何必呢？

西方人请客，帖子上印得十分清楚：6 月 6 日敝人生日，欢迎各位光临我家吃蛋糕，参加生日舞会。

中国人请客，帖子上简单明了八个大字：敬备菲酌，恭请光临。内容非常不透明，不知道为何宴客？

接到帖子的人，如果打电话去问请客的原因，主人一定笑着说：“没有什么啦，大家聚一聚，真的没有什么。”这样大家全都明白：一定有事，要不为什么一直说真的没有什么？主人笑的意思倒是相当明显:你还问我，叫我怎么说呢？难道你不可以自己去打听，还来问我，岂不是叫我为难？明说，实在很为难，因为听的人非常不高兴。

西化的中国人，帖子上也印得十分清楚：6 月 6 日敝人生日，敬备水酒蛋糕，恭请光临寒舍。看的人多半会摔在地上，请就请好了，为什么说生日。这不是摆明要我送礼？我最讨厌借故发请帖收礼图财。何况 6 月 6 日根本就是断肠时，有什么好庆祝的？中国人一生气，说的都是不好听的话。

不明言的好处

第一，不明言才不致使自己站在明处，让别人一目了然，甚至抓住你的弱点，轻易掌控你。如果你是个“明言”的人，把什么事情都说出来，就是“口无遮拦”，迟早被别人看得一清二楚，落得什么筹码都没有，任人摆布，后果相当可怕。

第二，不明言才有回旋的余地，不至于逼死自己。话没有说出口，怎么改都可以。明言的人，把话说得一清二楚。一旦发现对自己不利，根本不可能改口，也不可能抵赖，岂不自找麻烦，又招人笑话？

第三，不明言才能引出对方的本意。对方摸不清你的底细，才会原原本本说出自己的意见。明言的人，率先把自己的意见说出来，别人就不愿意明确表示不同的意见，只是口头上顺着明言的人，心里依然有自己的想法。

不明言，使大家都有面子

西方人以法为依归，接受“恶法胜于无法”的观念。只要合法，就无所谓不公平，大家在法律面前一律平等，当然可以明言事实，力求公开、透明。

中国人重理，以合理为评量标准，不接受“恶法胜于无法”，却要求不合理的法必须立即修正。否则法本身已经不公平，依法也不能使人心服。

理的特性是变动性相当大。“公说公有理，婆说婆有理”，“仁者见仁，智者见智”。在这种情况下，不明言才能兼顾各方立场，使大家都觉得有面子。一旦明言，就会造成几家欢乐几家愁的结局，对说话的人非常不利。

不明言的目的，在于“让应该知道的人知道内容，让不应该知道的人知道皮毛”。这种“以应该不应该为标准，来施行公开不公开的划分”，就是相当合理的做法。

而且，纸包不住火，事情真相迟早会水落石出。所以明言不明言，最后都一样。不明言根本不足以欺骗任何人，它只是让大家觉得有面子，纯属短暂的过程。

申诉有道：对象不同，方式不同

有些员工受到指责或批评后，应对的方式比较理性。通常先检查一下自己的所作所为，看看有没有错。如果自己确实有错，就坦白承认，而且设法道歉；如果没有错，便理直气壮地申诉“我并没有错”，或者“错不在我”。

而有些员工则不这样，他们在受到指责和批评时，首先会去搞清楚“指责我的人究竟是谁”。因为“事在人为”“有人才有事”，他们习惯于把事和人连在一起考虑。他们每听到一句话，最先开口问的都是“谁说的”。

面对位高势强的人，要么道歉，要么沉默

当指责你的人是你的老板或者是形势比你强、声望比你隆的其他同事，最好的因应方式是：做错了，赶快向他道歉，并且设法获得谅解；没有错，则保持沉默。

位高势强的人，不喜欢听到申诉的声音，却习惯于接受道歉。并且有时候他们还会认为“道歉就可以了事，好像太过简单”。所以你还要想办法，或者通过适当的第三者，取得相当的谅解，才可能平安无事。

保持沉默，对上司而言，已经等于申诉。上司会觉得很奇怪：“这个人怎么搞的？我说他做错了，他居然不说话，既不来道歉，也不找人来寻求谅解，真是奇怪！”

如果你能用沉默来引发上司的好奇心，诱导他们自动前来了解事实，那就是高明的做法。而且由于没有申诉的声音，不易引起上司的不满情绪。当上司以平静、宽容的心来调查的时候，往往会接受“原来并没有错”的事实，笑着说：“你没有错，要讲啊！为什么不讲呢？”你有机会让上司说出这种话，当然是最大的收获。这时候就算答以“是啊，我并没有错误”，至少也收到申诉的效果，最重要的是，不至于

产生后遗症。如果高明些，回答“有啦，还是有一些缺失，需要改进”，保证你连升三级，一帆风顺。

如果你并没有错而被上司指责，马上理直气壮地申诉，往往最为吃亏。因为上司发觉自己指责错误，必须接受自己判断错误的事实，不能恼羞成怒，还要被逼向你道歉：“对不起，你没有错，是我自己看错了。”如此，将来倒霉的，必然是你。

上司发现自己判断错误，已经觉得没有面子，不得不向下属道歉，更加没有面子。中国人没有面子的时候，最想的便是把面子找回来。上司一心一意要找下属的错误，相信不出两三天，就被他找到。他会笑着说:“我前几天说你有错，你还不肯承认。现在你还有没有话说？”这种结果，完全是下属咎由自取。这个时候才知道申诉有后遗症，为时已晚。

面对职位相当的人，要说得够技巧

当指责你的人职位和你一般高、形势和你差不多、声望也隆不到哪里去的时候，你的反应通常是：“好，我承认我有错，你难道一点错误都没有吗？”于是毫无保留地指出对方的错误，弄得对方下不了台。“我早就知道你犯了错，给你留个面子，不说出来而已。想不到你不顾我的面子，公开指出我的错误。鉴于彼此彼此的交互法则，我当然也要指出你的错误。你不必怪我无情，因为这是你找的。”

有错误不是不可以说，而是“应该说，但是不可以这样说”。有错误不指出来，怎么改进？但有错误就不管不顾地抖出来，大家都难堪。因此有错误一定要说，但要说得有技巧，使人有面子，才算圆满。你可以把责任推给制度，点醒他的错误，让他自己去改善。例如："这种结果，是制度不完善的证明，如果制度不改，恐怕会一直错下去。"

面对职位低的人，要谋定而后动

当指责的人职位比你低、权势比你差、声望不如你，此时你首先要考虑的是：是否有人在后面给他撑腰，不然怎么敢如此这般？如果是，你就要特别小心，不要理会指责的人，弄清楚他后面是谁在撑腰，以便适时化解。为其撑腰的人自然会制止指责的人，甚至叫他道歉了事。

如果指责的人背后并无靠山，那么本着"不教训不行，否则别人可能学样"的精神，让他永不敢再犯。否则"不发威，别人就会把我当成病猫"，大家一起来找麻烦，岂非防不胜防？教训的方式当然也因人而异，有明有暗，有立即有延迟，有阴柔也有刚烈，必须谋定而后动，以免伤及自己而后悔不已。

申诉是不得已而为之

如果错在自己，当然不能申诉，否则越描越黑，弄得自己更加没有面子；如果错在他人，也要先考虑一下，申诉的结果会不会影响上司或同事。如果真正应该负责的人，已经听到指责的声音，可能已经设法化解，如此，自己同样可以获得澄清，稍等一下，让它自然消解，更为省力省事！

如果申诉不影响他人，这时再想如何申诉最为有效。对上、平行、对下，不过是三个大方向，还要仔细研究对方的背景、未来发展和指责的用意，以调整自己的申诉方式。有时候不申诉反而能够获得一位良师益友，或者得到一位能够提携自己的上司。如果因申诉而坐失如此良机，不如忍一时而造福自己。

能不申诉便不申诉，并不是怕事。用不同的方式来申诉，主要目的是保护自己。怕事不好，惹事生事更不好。先保住自己，再有效地申诉。可能冷静下来之后，就不想申诉了，反正有一天会水落石出，何必急在一时。

下情上达：谨记“上下”观念

作为中层干部，你经常要向老板汇报、请示、建议，甚至犯错误以后要解释，这都属于下情上达，向上沟通。在向上沟通中，“下”是主体，作为下属，你应该谨记“上下”观念，不可以下犯上，当然也不必奴颜婢膝。

你应该安守本分，注意自己的言行，让上司感受你对他的尊重，否则上司只好摆出上司的架子，这时你反而没有面子。有些下属，上司稍微对其客气些，下属便得意忘形，没大没小起来，弄得上司不得不摆出高姿态。

在向上沟通时，你最好不卑不亢。太“亢”，有损上司的面子。如果上司真要计较，吃亏的肯定是你。太“卑”，上司会觉得你无能，靠赔笑脸混日子。你不能让上司感到功高震主，也不能让上司觉得你无能。

当你与上司的意见发生分歧时，应该合理地坚持，才能树立信用。否则，上司一说“不”，你就见风转舵，只会给上司留下不可靠的印象。反之，如果过分坚持自己的意见，在上司眼里就成了顶撞，上司以为你在挑战他的权威，难免会以势压人，伤了和气。合理地坚持自己的意见时，要讲究技巧——首先肯定上司的意见，再表达自己的意见；或者提出问题，反过来请教上司。

当与上司发生严重分歧时，你最好不说话，表现出深思的状态，上司自然能看出来，但是你不要说出来，等上司让说时才说。

当与上司意见相同时，你要给予热烈的回应。回应时如果说“我也是这么想的”，上司会认为你只是随声附和，最好说：“我想了很久都没有想通，原来这样最好。”

打开上下级言路的最好方法是让上司感到下属心中有他。如果你能让上司觉得你心中有他，他会觉得你都是为他着想，你说的话他就会比较容易接受。反之，你提出的任何建议，老板都会怀疑你的动机，也就很难接受你的意见。

上情下达：不要高高在上

向下沟通时，“上”是主体。要想沟通顺畅，你要降低姿态，不要一副高高在上的样子，使下属畏惧或反感。中国人重视身份地位，所谓“大人不计小人过”，就是地位高的人不要对地位低的人所犯的过错斤斤计较。

三国时，吴国大将吕蒙骁勇善战，但自幼家贫，没有读过书，所以吴王孙权常劝吕蒙多读书，但是吕蒙以军务繁忙为借口推脱。在这种情况下，孙权并没有指责他不学无术且不听劝告，而是说：“你说事多，难道还多过我吗？我常常抽时间读书，感觉受益颇多……”经过孙权的劝导，吕蒙终于发愤读书，这才有了“士别三日，刮目相看”的成语。

某公司副总第一次到香港出差，回来后在开会时滔滔不绝，大谈特谈香港的风土人情，反而把正事撇在一边。与会的人听得不耐烦，又不好打断他，只好都看着总经理。总经理已经暗示过副总了，可是副总视而不见。于是，总经理只好用强制的方法，直截了当地对副总说：“这事以后再谈，我们现在谈正事。”此话一出，副总面子上有点挂不住，为了不在下属面前颜面扫地，他依然故我。这样一来，轮到总经理面子上挂不住了。

其实总经理可以这样说："李科长，你安排两个小时的时间，我们专门请副总来说说他的香港见闻，今天我们先抓紧时间解决问题。副总，你看这样安排好不好？"这样，既给副总留了面子，又限制了他说题外话。

作为管理者，被别人牵着鼻子走，下面的人谁会服你？可是一旦你太凶了，所有人都会转而同情弱者，让你进退两难。所以，越是位高权重的人，越平易近人，同下属说话的时候，多数是谆谆教导的口吻，如同仁慈的长者。凡是那些动不动就大发雷霆、咄咄逼人的上司，一般是火候没到，还不懂得中国人的"为官之道"。

平行沟通：避免"谁怕谁"的心态

无论是对上沟通，还是对下沟通，沟通的双方都会保留三分的礼让空间，因此，比较容易找到合理的平衡点。而平级之间，因为大家都一样"大"，所以，很容易产生"谁怕谁"的心态，对沟通十分不利。其实，中国人谁都不服谁，尤其是当大家地位相当时，这一点表现得尤为突出。有时候一句话、一个动作，都会引起他人的不满。例如，你说"听我说"，别人可能会想"别自以为是，凭什么听你的"。

中国人通常是“你敬我一尺，我敬你一丈”，你尊重对方，对方也会尊重你。因此，要想顺利地进行平行沟通，首先应从自己做起，尊重对方，对方自然也会尊重你，这样才有利于沟通。

平行沟通中除了要尊重对方外，还有一点很重要，那就是真诚的心。有的人疑心比较重，稍不留神，其怀疑的神经就会被触动。而他一旦产生疑心，你说什么，他都不会相信你。“一次不忠，百次不用”，十分谨慎。

此外，有些人很怕吃亏，吃过一次亏，就不愿再和你打交道。因此，千万不要存心占别人的便宜，也不要存心设陷阱，让别人出丑。建立“和我打交道，一定不吃亏”的信用，增强大家对你的信任感，才能顺畅沟通。

第四章

Chapter 4

入情入理，守规矩也要知变通

外圆内方，遇事“情”字为先

在很多人看来，谈法规、制度是件很“伤感情”的事情，因此，他们在执法时，都有顾虑。但是，整个社会如果这样发展下去，是没有希望的。所以，制度化首先要考虑到合理化，只要制度很合理，大家就都愿意遵守。

处理事情要从情入手，而不要从法入手，要把法放在心里当腹案。心中有一把叫“合理”的尺，但是嘴巴讲的要合情。嘴巴讲情，心里想的是理，肚子里是法，就百无禁忌，什么都通了。

如果你的员工工作没有做好，你马上就处罚他，这是很冒险的做法。因为可能有很多原因造成这种结果，如果处罚不当，作为上司的你就会下不了台。所以，大多数人在处理事情时都会从情入手，给对方面子。有了面子，对方就会很容易接受。如果你一开始就劈头盖脸地骂他，一点面子都不给，他就会抗拒。

遇到矛盾，用行动去化解

老板："你最近在干什么？"

下属："我在填表格。"

老板："表格有什么重要的，你填不填有什么关系？"

碰到这种情况，你该怎么办?

有些老板很奇怪，凡是你认为重要的，他都说不重要。"你没有做的事情，为什么不去做呢？那些才重要。"这就是老板的心态。看见你总在办公室里面忙，老板觉得很奇怪："外面的事情谁做？整天搞这些没用的表格干什么？这些都是骗人的，真正有用的事情谁去做？"如果你天天到外面跑，老板又会说："你整天在外面跑，这些表格谁填呢？"似乎你永远不可能让老板满意。

那么，如何才能解决这个问题呢？我的经验是：把情摆在当头，见面就给他面子，有了面子，他就很讲理。也就是说，要中国人讲理，你只要给他面子就行了。

在上面的案例中，作为下属的你要思考的是：自己一定有什么地方对不起老板，他才会借故为难，并不是真的自己怎么做都不对。老板一定是跟你有心结，你道歉没有用，解释也没有用。你必须弄清楚是因为什么事情得罪了老板，然后从行动上进行改善，老板自然就不会再为难你。遇到事情，要讲情、理、法；遇到矛盾，要用行动去化解，不要用语言去辩解，因为越辩矛盾越大。

给足面子，使其讲理

一个人只要有了面子，他就会很讲理。而情就是给对方面子。

某人要插队，如果你说“没关系”，他反而会不好意思地说：“我站在你后面。”如果他一插队，你马上就说：“你为什么插队？”他就会说：“我比你来得早，我临时有事出去一下，怎么是插队？”

如果看到有人要插队，你就说：“你很急吗，站到我前面来吧。”对方就会说：“没关系，我站在你后面就可以了。”人就是这样，只要有面子，就会很爱护这个面子，就不能不讲理；如果没有面子，就可以蛮不讲理——反正我已经没有面子了。

让一个人没有面子，自己是最吃亏的，这个道理千真万确。所以，我建议：做事情要从情开始，不要从法开始。我给你面子，你很讲理，就不必谈法了；我给你面子，你不讲理，我再给你一次面子，你还是不讲理，我就翻脸无情，就要依法处理。这样做，对方无话可说。因此，在中国为什么讲情与法，情在前，法在后，自然有其道理。

比如，老板有老板的做法，干部有干部的一套；老板要有魅力，干部需要的是承上启下，而员工只要实实在在地把工作做好。基层有基层的一套，干部有干部的一套，老板有老板的一套，这叫作“各安其位”。西方说法是“每一个人把自己的角色扮演好”，用孔子的说法就是“君君臣臣”。这样，自然就可以建立起一套制度。

既重制度，也重人情

制度是很僵化的东西，执行时必须有软件配合才能发挥作用，达到制定的目的。

所有的公司都规定大家上班不能迟到，但是，有用吗？没有用，照样每天都有人迟到。不过，我辅导过的公司从来没有人迟到过，我只用了一招。我告诉老总：“如果你的下属 8 点 30 分上班，你就 8 点上班。”果然，所有的经理早早地都到齐了。老总说：“你们这么早来干吗？”经理们第二天到得更早，原因就在于所有的经理心里都很清楚：老板看到自己了，老板知道自己是勤奋的。反之，如果老总说“你就应该这么早来”，那么，经理们第二天很可能会迟到。

制度帮助我们把有形的规范好，但是在制度之外还有“软件”——很多无形的东西，要靠我们去运作，这就是人性化管理。人性化管理，让每个人都没有压力，都非常愉快。

员工很辛苦，如果上午 8 点 30 分上班，那他一定要奋斗到下午

5 点 30 分才能下班，所以他不能太早上班。

干部的级别越高，越要早来早走。在美国，有的 CEO 早晨 4 点就上班，因为那时候，路上不堵车，停车位也很好找。停好车后，他就开始计划，今天要找这个人谈什么，跟另一个人谈什么。看到他要找的人来了，就找那人谈，直到那人按部就班地去工作。这样，CEO 就没事了，他可以去打高尔夫，可以去睡觉，可以去旅游，这才叫作会当 CEO。跟大家一起挤车子、打乱仗，匆匆忙忙、不想事情，这不是优秀的 CEO。

外方内圆，知法更要知变通

我常常跟人说：经营企业，绝对不能违法。也许有很多人会怂恿你："怕什么，出事找我好了。"这些话不可靠，因为一旦出事，就没有人会帮你。

你无论从事什么工作，碰到问题，一定要看一看相关的法律条文。但是，我们的法律条文多半会有弹性，因为中国文字本身就很有弹性，再加上制定法律的人也知道，如果法律条文没有弹性，根本无法执行。面对这种情况，我们应该怎么办呢？

有一个刚从美国回来的老师，满脑子都是“守法”。他去监考，学生作弊，他就把学生送到校长那里去，然后，学校要求该学生退学，这个老师很惊讶：“早知道学校要他退学，我就不把他送到校长那里了。作弊的严重程度不同，是我抓得太严了（每个老师都说自己抓得特别严），学校要求他退学，这不公平啊！”因此，他就去替学生求情。为了避免这种尴尬的场面，所以，学校只好规定，凡是考试作弊者要看当时的状况给予退学、记过、口头申斥等处分。弹性这么大，和没有规定有什么区别呢？

企业要招聘一个会计，人事部门把企业关于会计的规定拿出来，然后面试、甄选。招聘常常碰到的难题是：应聘的人会说自己什么都可以做，但是一旦进入企业，你会发现他什么都不会。因为学校的教学内容没有标准化，同样一门课，不同的老师教，内容就会不同，这样也可，那样也行。

每个人做事之前，要先动脑筋想想：我这样合法吗？但是，合法不合法，只是做事基础而已，还要适应社会现实，知变通。

不知变通，会无所作为

有这样一种人，他们有这样一种心态：一切照规定办。我认为这样的人是毫不用心的人，不会受大家欢迎。我把这种心态称为“公务员心态”，是一种不负责任的、无所作为的心态。

只知条法，不知变通，会无所作为。例如，这张桌子摆在这里不好，你既不能拆掉也不能扔掉，但你可以调整一下位置。

大家都讨厌公事公办、动不动就拿法令来吓唬老百姓的人：规定不行就不行。任何企业的人事部门，只要一切照规定办，就得不到干部、员工的支持，得不到任何部门的配合。所以，我希望大家一定要有法的观念，但是用法时要灵活。如何在法律许可的范围之内变通？我送给大家四个字——合情合理。

西方人去商店，一定要关注商店几点开门。很多商店都是 10 点开门，如果现在只有 9 点 30 分，怎么办？西方人通常有两个选择：一是等到 10 点，二是不等。而中国人既不会等也不会走，因为我们脑子很“灵光”：走了等会儿还得回来，麻烦，直接去敲门好了。对此，外国人很不理解，他们经常问我：“商场规定写得那么清楚，你们都不看吗？”我告诉他们：“谁都会看，但谁也都会照样敲门啊！”敲门干吗？“有没有人啊？我要买东西。”这就是“法的范围之内的变通”。

商店规定 10 点开门，可是有个顾客 9 点 40 分就到了，你要不要把东西卖给他？你卖给他，是违规；你不卖给他，好不容易来了顾客，你却把人赶走，你对得起公司吗？如果我是店员，我就用中国式的方式处理。

情景一：

店员：“你这么早来，是不是有急事啊？”

顾客：“是啊，不然我这么早来干吗？”

店员：“那你看看你喜欢哪一件呢？我帮你留意啊！”

通过聊天，店员就把顾客留住了。留到10点把东西卖给他了，同时又没有违规。

情景二：

顾客：“我实在没有办法等，我要赶时间。”

店员：“没有关系，我去找我们主任。”

店员和主任沟通后，主任把东西拿到店外卖给了顾客。

这样做也没有违规——商店营业时间还是10点，这样做是场外交易，又没有妨碍谁，为什么不能？店员这么做才是尽心尽力。

我认为，只要不违法、不伤害别人，一切都是可以变通的。但是，如果今天商场是限时、限量销售，就不能像案例中那样做了，而应该按照次序，谁都不能先动。

也许有人会说，既然店员不遵守规定，顾客也不遵守规定，这个规定不就没用了吗？其实，这要看是哪种公司。大公司铁门一关，10点才开，大家无话可说，你一定得按照规定来。如果这家公司不够大，规模很小，盼着顾客来，那规定10点营业有什么意思呢？所以，对大公司来讲，10点是标准作业时间，而对小企业、小店来讲，那叫作参考时间。这就是我们所讲的“合情合理”。

那么，大公司需要变通吗？当然需要，只是大公司可以在其他方面变通。比如说，有顾客前一天晚上打电话来说“实在没有办法，事情很急，一定要在明天一早就来”，店员可以把他带出去，在外面交易，然后进店报账。这种情况是被允许的。

下属不可自主变通

下属碰到了一些需要变通的事情，可以自主进行变通吗？我认为，下属不可以自主进行变通，因为下属的想法跟上司常常不一致。

作为下属，要变通一定要请示自己的上司。上下级之间看法不同是常态，变通必须要获得上司的理解和同意，并把人情留给上司做。把人情让给上司，让上司去变通，上司就无从责怪下属。

如果下属头脑简单，认为上司同意变通是给自己面子，就自行变通了，上司就会觉得这个人不够意思——把人情留给自己，对上司有什么好处？

下属应该这样说："好，您同意，我让他来跟您谈，人情您来做。"

上司："不用搞得这么复杂。"

下属："一定要这样的。"

下属出去就告诉对方："这是我们老板通融的，我是不可以的。"

于是上司就会很赏识你，以后就会很放心地让你去做事。

如果事情很急，又需要变通，并且来不及跟上司请示，下属该怎么办呢？事后要向上司报告。希望大家树立一个观念：大小事情都要让你的上司知道，这样做他会对你非常放心。有时间先报告，没有时间，可以先斩后奏。即便先斩后奏也一定要奏，否则自己就会被斩了。

不能变通，要求得理解

如果遇到一些无法变通的事，该怎么办呢？遇到这种情况，一定要向对方说明：自己真的很为难，已经想尽办法了，还是不行。在这种非常情况下，表达出诚意很重要。对方看到你的诚意，就很容易谅解你。

继续以上例中的店员为例。这位店员平常都可以变通，突然有一次他跟你讲："平常我都给你方便，因为你是老客户。但是今天正好有领导检查工作，他死盯着我这块，我今天实在不方便，你一定要理解我。"客户最后一定会说："没有关系，不会让你为难的。"

中国人是很好说话的。只要合情合理，大家都能理解。你不能刁难他，你刁难他，他就不高兴。有时候我们觉得，自己有理就可以理直气壮，这是不对的。很多店员都理直气壮，不是客客气气的，客人就不买他的账。

合理合法之外，还要考虑后遗症

有时候即使向上级请示过了，合理也合法，但变通不可避免地会存在一定的隐患。也就是说，如果不按照规定做，就很难说最后会不会产生什么问题。其实，即使按照规定办事也不是绝对没有问题。

老板："你为什么这样做？"

干部："我都是按照规定做的。"

老板："你明知道规定是死的，人是活的，你放着活人不用，却去迁就那些死的东西，你存的什么心？"

这就是按照规定做却挨骂的事例，也是一种普遍的现象。

员工们要问：作为员工，是按照规定做风险更小，还是多变通一些风险更小？我认为，多变通一些风险会更小。因为中国人是善变的，天下事没有不能变通的，不变通实际上就是刁难！这才是中国哲学。

此外，特别提醒你，在法令许可的范围之内，才会合情合理，如果超出法定范围，坚决不要干。

既然天下事皆可变通，那么，我们应该怎么变？应在一定的框架范围内变——规矩是方，变通是圆。考虑事情时是外方内圆，处理事情时则是外圆内方。也就是说，一方面是法、理、情，另一方面是情、理、法。

外方内圆、外圆内方，说起来只是简单的八个字，但是要想把它做好，需要一辈子的修炼！要想做好这八个字，开始时的确很难，但是它值得去学，值得修炼。起初难，往后会越来越容易、越来越轻松。年轻时多受一点磨炼，年纪越大反而越轻松；如果年轻的时候日子很好过，年纪越大反而越难过。这是一个规律。

第五章

Chapter 5

向上启发，上司永远是对的

对上不能拍马屁

与上司相处，首要的一条是不能拍马屁。也许有人会有疑问:“我看到很多拍马屁的人都过得很好啊？”其实，那是你看错了。

我问过近百位老总：“你喜欢用拍马屁的干部吗？”他们会马上板起脸说：“你看我是那种人吗？只要哪个干部被我发现在拍马屁，我马上就干掉他，因为我迟早会被他害死！”显然，中国的老总没有一个喜欢用拍马屁的干部。

我再问干部：“你喜欢拍老总的马屁吗？”他们的脸色马上变得很难看，说：“我拍什么马屁？我把工作做好就行了，为什么要拍马屁？”

可是，学术界的人士都说中国有“马屁文化”，让我觉得很奇怪。因为如果学者们去做一下调查，结果应该就会很清楚！

当然，拍马屁的人通常是不可能承认自己拍马屁的。

甲、乙、丙三个年轻人跪在大法师面前要求剃度当和尚。

大法师出来问甲：“你为什么要来当和尚？”

甲说：“我爸爸要我来的。”

大法师当头一棒打下去：“这么重大的事情自己不决定，你爸爸叫你来，你就真的来了，将来你后悔怎么办？”

对于甲的回答，大法师讲的话是对的。

大法师再问乙：“你为什么要来当和尚？”

乙一看甲说“爸爸要我来”会挨打，就说：“我自己要来的。”

这下大法师打得更凶：“这么重大的事情，不跟你爸爸商量就来了，你爸爸向我要儿子怎么办？”

对于乙的回答，大法师讲的也是对。

大法师再问丙：“你为什么要来当和尚？”

丙吓得一句话都不敢讲。

大法师用了全身力气打下去：“这么重大的事情想都不想就来？”

如果你是第四个人，面对这样的问题，你怎么回答？

有人会这样回答：“我受佛祖的感应。”言外之意是，你敢打我吗？我把佛祖搬出来了。结果大法师两只手还是打下去了。为什么？因为他完全没有面子了——修行了几十年，佛祖都没有给我感应，你还没修行，佛祖就给你感应了，看你头破不破？

这其实是个笑话。不过你真的要动一动脑筋想一想，怎么回答才不会挨打。其实，这个问题只有一个答案——“我受到大法师的感召”。因为这句话说到对方的心坎上了。什么叫中国式沟通？就是说到对方“打”不下去，说到对方没辙。

有人会问，大法师会不会说：“让你拍马屁！”啪！又打一下？

肯定不会。因为这不叫拍马屁，而是制造了“马屁味道”。中国人擅长制造马屁味道，很多人也都喜欢马屁味道，而实际上我们真的很讨厌马屁精。

那么，我们是否可以这样理解：有些事情要做，但不要把它当成拍马屁？我认为不是这样的，是不是拍马屁，关键要看动机，看看你是否存心拍马屁。

此外，我必须说明，中国人是无法讨好的，因为中国人太敏感，警觉性非常高。而警觉性高，疑心也必然重。例如，中国的两个小女生，只要看到一个大男生从外面笑着过来，其中一个女生马上会对另一个女生说：“大老远的就在笑，你要小心啊，他不怀好意！”外国人碰到这种事，会认为他只是对你笑笑而已，而中国人就会提高警惕。

如果上例中的大法师警觉性很高，年轻人回答说“是大法师感召我来的”，还是会挨棒子，怎么办？在我看来，如果真是这样，那个人就没有资格当大法师了。我认为，对大法师的提问，完整的回答应是：“我受大法师的感召，我爸爸也同意了，我自己也考虑过，而且好像佛祖也有这个意思。”完完整整地回答，他的棒子怎么都打不下去。

“上司永远是对的”辩证法

干部与上司打交道，一定要记住一条：上司永远是对的。听到这句话，肯定有人要问：如果上司说的确实行不通，怎么办？这个问题太简单了，如果我的老板叫我去死，我就说“好”，因为他永远是对的！我也拿这个问题考我的学生：如果你的老板叫你去死，你会怎么办？70％的人这样回答：“我回头叫他去死！”这样的人谁敢用啊？所以，我一律给他们零分。他们很不服气：“老师，你的答案是什么？”我说：“太简单了，我会说‘好，我去死’，然后不去死不就好了！”学生们又问：“老板发现你没有去死，会不会说你不听他的话呢？”

我先给大家讲个故事：

乾隆皇帝对刘罗锅说：“你去死！”那个时候君叫臣死，臣不得不死，可刘罗锅照样没有死。

刘罗锅领旨后就开始想，怎样才能不死。于是他把自己泡在水里，全身都湿透之后去见乾隆皇帝。

乾隆：“我叫你去死，你居然敢不去死！”

刘罗锅：“我去死了。”

乾隆：“你骗我，你去死了，怎么又回来了？”

刘罗锅：“我去死，被一个人骂回来了。”

乾隆："被谁骂回来了？"

刘罗锅："屈原。屈原说，他是遇到了昏庸的皇帝才自杀的，我遇到这么好的皇帝还好意思自杀？回去！我就回来了！"

乾隆："回来就好。"

为什么乾隆皇帝最后不生气了？因为刘罗锅讲的话马屁味道很足，但绝对不是拍马屁。

那么，我们可不可以理解为刘罗锅比和珅拍马屁的艺术更高呢？我不这么理解，我并没有说刘罗锅拍马屁。是不是拍马屁，要看说话人的动机，要看他是否存心拍马屁。所以，看过这个故事的人都说刘罗锅好，而无论和珅再怎么会做事、再怎样头脑灵光，大家都不喜欢他，说他是坏人。因为看人的高低，西方人看专业，而中国人看人品。

上司交办的事情要接受

上司永远是对的，但如果上司交办的事情真的有问题，该怎么办呢？那就过 10 分钟、20 分钟，再去告诉他有多少困难，他自然就会改变。这当中的关键在于：千万不要试图去改变你的上司，而要想办法让他自己改变，这样你就轻松了。因为上司自己改变会很有面子，而你去改变他，他会很生气。所以，正确的做法是：你明知道办不到，但还是要说"好"，过后再说有困难，老板就会说"那我们改一改"，改了之后，跟你的想法一样。虽然你一句话都没有说，但是你推着老板在改变。有些人只相信自己，只认为自己的想法是对的，绝对不相信别人。遇到这样的上司，你所要做的就是向上启发。

做干部的要做到好像听话又好像不听话，说不听话又很听话，说听话又不听话，老板就喜欢你。要和老板相处好，让他照顾你，但是你不能讨好他，这是最重要的。你讨好他，他会把你当奴才。很多干部到最后被老板当成奴才，自己也要检讨。

难以领命的事情不能做，也不能说

如果上司叫下属去做违法的事情，下属应该怎么办？我的原则是：第一，不可以做；第二，不能说。原因在于，第一，按老板的要求去做，你会坐牢；第二，要是说出来就没有人敢用你，因为你是个“定时炸弹”。一个人要善意地理解自己的上司：也许他不知道这是违法的，才叫我去做，他不是故意的。这才是一个好下属。

因此，上司叫你做违法的事情，你不要去做，也不要去说。如果你不说，他也不问，就什么事情都没了，这叫不了了之。这是最简单、最聪明的做法。

现在很多搞管理的人都说：“你要勇敢地说出来！”我认为这是在害人。

研究实际情况，有问题提出来试试看

如果上司有意叫下属去做违法的事情，下属不做，他自然就提高警觉：这个人不去做，就不要再去找他，叫别人做好了。事情也就化解了。这就是大事化小、小事化了，化解问题于无形之中。

如果老板问你“那件事怎么样了”，你也不能直接告诉他那是非法的，因为他接受不了。你要说:“正在找法律依据。”这句话一语双关。你现在还没有找到法律依据，看他怎么回答，态度怎么样。

如果老板说：“如果找不到法律依据，你不能做。”这就表示他没有恶意，只是不太了解情况。但你也要委婉地向他说明:“找是找到了，不过可能都跟我们的想法相抵触，如果真的去做，就违法了。但是，如果你叫我做，我还是会去做的。”你把话说得既委婉又明白，他就会说:“你可别开玩笑，违法的事千万不能做。”这样，事情虽然没有做，老板还是很愉快。说到底，违法的事你还是不会做的，只是做人情给他，让个面子给他而已！几次沟通下来，他到最后一定会赏识你的。

如果老板说“不管有没有法律依据，你都要去做”，这说明他是存心的。对此，你还要问个为什么——为什么每次违法的事情上司都叫你去做？当然是因为你习惯做这些事情。上司为什么不去找别人？因为上司叫别人做，别人不肯去做。

那么，上司的话对不对？上司的话永远是对的。所以，有些事你如果做不到的话，一定要跟上司沟通，慢慢地让他自己去改变，切记不要去改变他。

有问题请上司拿主意

上司永远是对的。但下属要帮助上司，使其不要做错误的决定，不要去违法，不要得罪人。做下属的人经常问我："让上司自己改变主意，是不是很难？"我说："其实很容易，真的很容易。"

上司叫我去找甲和乙一起做事。我明知道甲、乙两人是死对头，但是我不会说破，我仍然会说"好"。一会儿，我就会回来向上司报告："不好办呢，他们两个在吵架，我都不知道怎么讲，我等等再去。"老板说："你还去干什么？这种情况你还去？找别人啊！"你看，上司马上就改变了。你千万不要说："他们两个吵架，我就想他们两个关系不好，我不找他们了。"老板说："他们关系挺好的，不是你想的那样，他们吵是因为别的事，你去找他们吧。"如此，你就完了。

向上司汇报，一是要让上司了解情况，二是要看看上司的反应。这样我们就能做到知己知彼，掌握主动权。这样做，其实是你在操控，而不是上司在操控。也就是说，必要时，使上司改变一下主意，适当地控制他的反应。这一招不要轻易使用，更不能用得太狠。适可而止，别人会尊重你；用得太狠，算计太精，所有人都会怕你。

所以，你不能精明，而要聪明。聪明就是不外露，外露的叫作精明。越聪明的人越是要装糊涂，不聪明的人才会显示他很聪明，大智若愚、难得糊涂就是这个道理。

对上司礼让三分

说到上下级，就离不开上下级关系，这是上下级之间的首要问题。但是，我首先要提醒各位，中国人其实并没有“人际关系”这一概念。西方著作中所说的“人际关系”，在中国根本行不通。

在中国，人与人之间的关系是伦理关系。西方所说的人际关系是建立在平等的基础上的，只有彼此平等才有人际关系。而在中国，谁跟谁都不平等。试想一下，你跟你的老板平等吗？因为讲伦理，老板没有坐下，谁敢坐下？谁先坐下，谁的前途就没有了。老板坐下后，其他人还要按级别依次坐下。如果在场的人中，你的级别最低，而你却最先坐下，别人会取笑你，其实质就是指责你。

在宴会上，没有人敢轻易吃鱼头。鱼一端上来就夹走鱼头的人没有前途，因为他没大没小，没上没下。有些人不知道此事的轻重利害，鱼头怎么没有人吃？鱼头最补——“逢头三分补”，可就是没有人敢动它。

中国社会是个伦理社会，只有伦理关系，没有人际关系。因此，我们不可以没大没小，我们首先要提升“自我修养”，对自己的老板要绝对做到礼让三分。任何人都不能，也不可能和自己的老板、上级平起平坐。这是上下级之间相处首先要确立的观念。既让上司不操心，又很尊重上司，这样的下属才是好下属，这两者缺一不可。一个让上司操心的下属，在上司眼里就是庸才。如果下属不尊重上司，上司就会觉得下属功高震主，就要把下属“干掉”。所以，当下属也很难。

向上司报告有技巧

我们要确立的第二个观念是：不能问上司问题。因为你问上司问题，就等于把责任推给上司。“老板，这件事情怎么做？”一听到这句话，做上司的都会心知肚明：“你厉害，你聪明，你用请示来推卸责任，要你这种人干吗？”所以，我们拿着问题去请示，上司心里肯定很不高兴，他一定会说：“什么事情都来问我，我去问谁？我要你们来难道只是吃饭的！”

请示一定要带着腹案去

那么，是不是不管有什么问题都不能问呢？现在做下属的遇到问题都要问，因为作为下属不能不问。你不问，老板会认为你擅做主张。中国人永远是左右兼顾——下属问，他不高兴；下属不问，他还是不高兴。很多职场中人，深受其苦。我的经验是，遇事需要请示时先要说明：现在有一件事情，情况是这样的……然后再看上司是否想听下去。

第一种情况：上司根本就不想听，表示他知道，就不用再啰唆什么，他不讲话是给你面子。

第二种情况：上司完全没有反应，表示他都知道了，你没有必要再说下去。

第三种情况：他会看着你，很专心地听，表示他不知道，或者他已经知道，但还想听你怎么说。这时，你就接着说你跟某某研讨的结果，但是不敢决定，所以提出来请示。这样做，你的上司会非常高兴，因为你有腹案。有答案不行，因为答案不应该是你给，而是老板给的。身在职场的你一定要记住：带着腹案请示上级是向上报告的重要原则。

接下来，上司一定会问："你觉得怎么做比较好？"

显然，没有一个人喜欢伤脑筋。你整天让上司伤脑筋，要你干什么？设身处地想想，他好不容易熬到领导的位置，现在是坐轿子的人。人坐在轿子里是要闭目养神的，如果坐在轿子里一会儿一个事儿，坐一会儿就要下来，干脆不坐好了。抬轿子的要抬得领导很安心，这才是好干部。如果抬轿子的不停地问向右拐还是向左拐，坐轿子的要不停地指挥，那领导就完全不像领导了。

如果我是领导，我不允许下属空着脑袋来向我请示。空着脑袋表示他没有尽责。他的方案怎么样，把方案给我，让我判断，可以；空着脑袋来找我，叫我伤脑筋，免谈。领导都是这么想的。所以，作为下属，一定要设身处地替老板着想。遇到问题要了解现状，然后带着腹案去让老板做决定。

简明扼要，分三段讲

一个人如果不能在 3 分钟内把表述的要点说完，这个人就没有沟通能力。经常开会的人都知道，只要一个人的报告超过 10 分钟，所有人就都不想听了。说话简明扼要，这点非常重要。向上报告，一要尊重上司，二要简明扼要。

说话要讲究方法，不能一口气说完。凡是一口气说完的人，都是惹人讨厌的人。这样的人一出现，所有人都不再说话了，因为大家怕跟他说话。

做报告时可以分三段。第一段说完，如果上司不想听了，后面就不必讲了，不必浪费时间；如果上司要继续听，就说第二段；听完第二段，如果上司还要继续听，再说第三段；说完第三段，如果上司请你留下来继续研究，表示他认为此事重大。

做干部做到让老板说“请你坐下”，这样的干部就是公司里分量最重的人;还没说完话，老板就说“去、去、去”，这是最倒霉的干部。

向上级做报告时想要做到心中有数，而且要拿出自己的腹案来，就要在事前进行大量的调研和组织工作。这才是好下属，才是能干的下属。

如有分歧要调整

经常出现这样的情况：下属准备的解决方案与老板想要的方案有出入，这种情况下下属该怎么办呢？

一个有水平的领导，他心里想什么，是不会让其他人知道的。“我们想到的都很有限”这句话非常重要。有时候真正好的答案可能是我们没有想到的那一个。我们所想到的方案通常都不能彻底解决问题，这是人类思维的局限性所致。

我们常常安于现状，常常把自己的经验拿出来，常常把所见所闻总结起来，以为就是这样了，其实不是。因为内外环境在变，同样的问题，每一次都会有不同的答案。所以，如果你是下属，只要你胸有成竹，就会受到局限；如果你是上司，只要你赞成下属的想法，你也会受到局限。所以，要真正成为一个最高决策者，不那么简单。而下属的真实想法是：不是我喜欢拍马屁，而是我不喜欢逆老板的意——你同意就好了，反正是你又不是我负责，我干吗要操心？

如果我是上司，无论下属说什么，我的脸上都没有什么表情。我会对下属说：“你再想想，有没有更好的办法。如果想不出来也没有关系，再找别人研究一下。”这么做的目的是要让所有人都去思考。换言之，人是宝藏，一个上司要有这样的度量和能力：凡是自己的下属，你都有责任把他们的宝藏最大限度地开发出来。这才是充分利用人的“资源”，才叫会用人。

从下属的角度看，如果上司没有表示赞成你的方案，你一定要再想想。如果实在没有更好的办法就实话实说，意思就是你的智慧都用上了，只能想到这些。如此，上司就会再问别人。各种想法互相碰撞就会产生火花，才能做出最好的决策。

所以，能推就推，能拖就拖，只要有时间就不要早做决定。这是有智慧的。决定太快，后面的变数谁来负责？中国人常说“到时候再看”，就是说到时候所有变数都被自己掌握了，就能够做决定了。所以，很多人认为办事要快、快、快，我却不这样看，有什么好快的，绝对不可以提倡。也许有些人会说，有些事情到时候再决定可能来不及。这里强调的是“到时”，这个“时”很重要，有时间能拖就拖，没有时间就当机立断。

注意时机

你的报告上司是否需要，是否能引起他的重视，取决于你报告的态度、叙述方式、报告的时机以及地点等因素。

上司打电话给你：“你来一下。”你过去后，却发现老板的办公室里有客人，此时你一句话也不能说，因为你不清楚这个客人是在上司的计划之内，还是在计划之外的。所以，作为下属，此时应先跟客人打声招呼，不要自我介绍（不要透漏自己的身份，因为老板还有可能叫你赶快走）。然后站在旁边，如果上司想让你说话，他自然会叫你，不必急于表现。

如果上司说“你去倒杯茶来”，那你就要提高警惕：什么意思？这里有人倒茶啊！听到这句话，你一定要说：“是，是，是。”然后去倒茶，倒完茶就先回去。因为这是上司在暗示你赶快离开。

很多人因此误解上司。如果下属觉得上司是糟蹋人，大老远地把自己叫来倒茶，这个下属就不懂得识大体，这种人根本就不够资格当干部。如果一个下属头脑不灵活，用他的人会很痛苦——他不会体会上司的苦衷。而中国人宁可与聪明的人吵架，也不愿意和愚蠢的人说话。

避免伤害同事，点到为止

有些下属向上司报告后坐立不安——如果上司什么时候告诉了那位同事，自己就倒霉了。口出狂言或者祸从口出，都是自找的。但是，有些事情我们又不能不报告，不报告老板会骂，报告了却对自己最不利。怎么办？

有经验的下属会这样向上司报告："这件事情，我跟他谈的结果是他有一点意见，不过我相信他只是现在这么想，很快就会改变的。"你要替对方圆一圆场，不要出卖任何同事，这是报告的一个原则。如果你出卖他，他会报仇，不会放过你的。

如果你的同事确实不对，你又不能不报告，应该怎么办呢？我认为，要轻描淡写，点到为止。你应对上司说："他目前虽然这么想，不过我相信他很快就会改变的，目前的想法也许有他的道理。"说到这里，还要看上司的脸色如何，上司是否支持他的想法。但是，真正会当上司的，都不会表现出来，让你摸不着头脑。

报告到好像没有报告一样，提示到好像没有提示到一样，既尽到了做下属的责任，也没有伤害同事。即使将来你的同事知道了，你也可以坦然地面对他，因为你又没说他不好，他改是他的事，不改也是他的事，你不必担心什么。

先听听助理的意见

主动向上司汇报，最简便易行且有效的方式是先向上司的助理打个招呼："我现在要向他报告某件事情，方便吗？"你要尊重上司的助理，听听他的意见。如果他说："老板正在生气，现在最好不要进去。"你一定要感谢他，这样他才会给你"通风报信"。

走助理路线好处多多，他会提醒你："你最好不要说了，这件事已经有人先说了。"那你就换一种方式报告。领导一般都会放好几条线，然后把从各方面得来的信息综合起来进行判断。如果你更聪明一点儿，把事情委托给上司的助理，让他有合适的机会就帮你报告一下，他一定会想办法替你争取。

如何确定上司的助理会尽心尽力地帮你呢？先用那种无关紧要的事情拜托他，试一下。试到很灵光的时候，表示你们关系不错了，而平常你又没有得罪过他，就可以再行托付。

你越相信他，他越尽心尽力；你越怀疑他，他越给你耍花样。不过你不能马上就相信对方。我们对人、对上、对下，其实都是一个道理：不能太快相信，也不能不相信。

下属不主动去找上司是对的

很多人不到万不得已，是不愿意主动去找上司的，似乎大家都有些畏上情绪。

其实，作为下属，要做到让上司找你，而不是你总去找他。做到让上司主动找你，这是一门学问。如果一个人总去找别人，会让别人厌烦，如果对方问"你来干吗"，你会很难堪。如果你说自己有重要的事情，对方心里会想，重要事情还轮得到你吗？一个人如果做到上司非找你不可，你就有前途。天天去巴结上司，天天跟着上司走，反而没有前途。

上司越级指示后要求得双赢

如果你的上司越级指示你的下属，此时，作为中层干部，你会很难受。

中层干部乙："有事情怎么不直接找我，找丙干什么呀？"

上司甲："我怎么没找你？我找你了，你不在，不知道你跑到哪里去了。我不骂你就好了，你还说什么？"

这时候，乙肯定很被动，吃亏的也是他。

不仅如此，乙还要承受其他压力。甲直接找了丙后，回头却问乙："那件事情怎么办呢？"如果乙反问"哪件事情"，甲会很生气："你什么都不知道啊？你当什么主管啊？"最奇妙的就是甲直接指示丙，但回头问乙事情的进展，考验乙的领导能力——是否能掌控自己的下属，下属在做什么是否都知道。

乙是不可能避免这种情况的，所以，一定要想办法去处理。

不抗议，不询问

发生这种事情，乙一定要想清楚：第一，这种事情无法避免，所以，不必抱怨，抱怨解决不了问题；第二，不要怀疑甲，因为甲不一定是恶意的。中层干部既不可抱怨领导，也不可硬压下级，和婉的态度会使双方都受益。

甲这么做，也有两种可能：甲可能是恶意的，是故意兜圈子，看看乙怎么办；也有另一种可能，甲不是故意的，他真的是找了乙，乙不在，而他又很忙，没有时间等，正好看见丙，就交代给了丙，他心里想，丙应该会告诉乙的，但是，丙不一定会向乙报告。问题还是出在乙，乙如果能做到让丙愿意向自己报告，乙就成功了。

假设乙知道这件事情后，把所有的下属叫来，说："以后凡是老板直接交办的事情都要告诉我，否则我怎么当主管？"听到这句话，丙嘴上肯定会说"是，是，是"，但心里还是不服气，以后再出现这种情况，他照样不报告。因为丙会想："你直接去问老板好了，你干吗问我？这是表示你吃定我了，你不敢去问老板，吃柿子专拣软的捏，我更不服气，我就是不理你。"所以，用强制的手段常常没有什么作用，他们是吃软不吃硬的。

夹在中间的乙，对上、对下都很无奈，那有什么办法可以解决这样的问题呢？

乙可以把下属找来说："老板是我的上司，他可以找我，当然也可以找你们，没有错（这些话先把老板那边稳住了，不要以为我在发牢骚，假如老板对我不利的时候，他一定会派人在旁边看看我有没有发牢骚，我要防他这一手）。以后凡是老板要你们做的事情，你们去做就是了，不用告诉我，反正告不告诉我，都是要做的。”

听到上司这么说，下属们每个人心里都会张开一张网：他怎么这么说话呢？下属会有一种期待，希望上司乙给他们一些指示。

自行承接越级指示须自行负责

听了乙的话，下属们就会希望乙给一些指示。此时，乙应该这样说："不过，我在这里说清楚，需要我负责的，一定要告诉我，否则我怎么负责？不需要我负责的，千万不要告诉我。"这样做的结果是：凡是甲直接找过的人都会告诉乙，因为他们干吗要负责呢？他们不愿意负责。

还是以丙为例，乙要和丙达成这样的共识：老板交代丙的事，丙告诉乙的，乙都替他担待。丙做得不好，乙担待；有什么不对，乙替丙弥补。如果丙没有告诉乙，其实乙也会知道——中国人是无所不知的，但是，乙会假装不知道，让丙自己去承受。有了一次教训，所有的人遇到这种情况，都会乖乖地告诉乙。

这项工作平时就要做好，以达到事先防范的效果。如果等到事情发生了再做这件事，就是亡羊补牢了。这项工作的关键在于，要让下属看清楚来找你的好处和不来找你的坏处。

此外，乙并不要求丙把甲找他办的事情统统告诉自己，因为有些是老板的机密，我们不需要知道。而且机密知道得太多，对自己非常不利。有一个笑话说的就是这个道理。大老板走楼梯踩到香蕉皮滑下来，如果你看到了，你就是天底下最倒霉的人——将来所有人看他笑，他就会想，就是这小子讲出去的。碰到这种情况，你要假装看不到，假装不知道。所以，我们不必要求下属告诉自己，老板找他干什么，需要时下属会告诉你的。

教训与宽容并举

如果丙一开始没有向乙报告，但是后来他自己无法处理，又来找乙。乙该怎么办？我的答案是：乙装作不知道，不要理会丙，还要对他说“如果你早让我知道，一定不会这样的”。要让丙难受，让他受尽折磨。

有人会问，丙来找乙，表示他已经“投降”了，乙为什么还要这样呢？一个人到了有难的时候才去求救，没有人会理他，我们应该平时多烧香，而不是临时才抱佛脚。可是丙在受了很多折磨后来找乙，乙还是不帮他，大家会不会觉得乙记仇、小肚鸡肠呢？我认为，这是善门难开。有些人会经不住丙的请求，帮助丙，这种人叫作滥好人。滥好人是最吃亏的。

如果乙要真的不管，对其他人会产生什么影响呢？传达了什么信息呢？对丙来说表示一种教训。如果大家都赞成乙的做法，那就表示丙平常做人太差；如果大家觉得乙这样做对丙太残酷，他们会私底下来劝乙。

我国古代的将军打了败仗回来，主帅会下令将其斩首。可是，谁能保证一定打胜仗呢？此时，能不能保住性命，就看其他部将怎么做了。如果其他部将都认为该斩，没人为其求情，他就被斩了；如果其他部将纷纷跪下为其求情，主帅会再考虑："好，这次看在大家的面子上，留你一条狗命。"他这样做是要留有余地。

我们每做一件事情，都不能马虎，都要有意义。乙不理丙，是要看看大家的反应。如果大家都在旁边看笑话，就说明丙平常对人不怎么样，今天自食其果，应该好好反省。如果所有的人都帮他说话，"哎呀，他本来是想向你报告的，因为你那时候实在太忙，所以他才疏忽的，其实我们也有责任，因为我们也知道，应该跟你报告的"，"是啊，我不知道他没有跟你报告，要不我就跟你报告了"，听到这些，乙就会说："好，既然大家都帮你，这一次我就帮你，不过，下不为例。"

该教训的时候不能手软，该宽容的时候不能吝啬。这是一个很难掌握的度：心一软，你以后就没有办法带人；太硬了，也不行。我们需要先柔后刚。做到不要让别人翻脸，就行了。

第六章

Chapter 6

尊重平级，做到皆大欢喜

学会将心比心

本位主义的现象在平行的部门和同级的同事之间是普遍存在的。每个部门多多少少都会有些本位主义。

财务只想自己的事，不想其他的——资金周转灵活就好，研发与自己毫无关系。可是，研发不能受财务的限制，受财务的限制，研发工作就很难开展。

生产部门讲生产，销售部门讲销售。销售人员多半会穿着西装、打着领带，带着客户到生产车间去参观。遇到这种情况，生产经理就来气:“整天喝酒、聊天，赚钱比我们多，总是用客户的名义打压我们。”于是，生产部门不配合 :“客户要求又怎样？胳膊肘向外拐，只顾着客户，把生产部门的人当人吗？”所以生产部门和销售部门之间总是有隔阂，这种情况是营销人员不懂得沟通造成的。

营销人员一定要记住，去生产部门时穿上工作服，跟工人们一样，生产部门就不会看见你就来气了。如果客户批评你们的产品，你就站在生产部门的角度向客户解释。如果某个产品确实有一点问题，影响了销售，营销人员首先应该告诉客户，所有的产品在生产部门的努力下，每天都有改进。有时候顾客的要求是很无理的，不必全都转述，而是要和生产部门商量改进。你尊重生产部门，生产部门就一定会努力改进。

很多人就是这样的，你尊重他，他就很讲理，很有度量；你压迫他，他就抗拒，不理你。为什么有的人会蛮不讲理？就是因为他没有面子。有些人一没有面子，就恼羞成怒、蛮不讲理、无法沟通，而这种结果都是你造成的。所以，平行单位最好是将心比心，站在对方的立场上考虑问题。同事相处要善待彼此，好处要分享，错处要担待。

有些人做事不看场合，总是当着老总的面协调事情。比如前文讲过的，甲和乙都是部门主管。甲当着老总的面说："张经理，我这几天工作忙不过来，你能派三个人来支援我一下吗？"乙会说："我这边也忙不过来，真是不好意思。"他不会当着老总的面说"没问题"。如果乙说"没有问题"，乙就惨了。因为如果答应了，就会给老总乙的部门人多事少的印象，老总就会裁掉乙部门几个人。

造成这样的结果，错在甲。甲应该等到老总离开以后才对乙说："我也是不得已，我尽量不打搅你，不过如果你不支援三个人给我，我就要跳楼了。"乙会很爽快地说："好吧，我支援你三个人。"

事情过后，甲还应该向老板解释，不要让老板误会乙的部门人多。甲说："乙部门平常都忙得不可开交，乙实在是讲义气，还肯支援我三个人。将来我再怎么忙，只要他有难处，我晚上不睡觉也要帮他。"老板听了会很高兴地说："啊呀，你们都是为了公司，了不起。"

做到皆大欢喜才叫圆满，如果只有你一枝独秀，所有人都会攻击你。大家都是业务员，你的业绩很好，可以挂在他人的名下，你就永远受到大家的欢迎；如果你一枝独秀，所有的人都想把你"干掉"。

懂得照顾同级

同级之间还存在一个严重的问题——竞争。例如，公司出现了一个空缺职位，想得到这个职位的人肯定要想办法表现——得让大家看到自己的优秀才能得到提升。

古人说“小时了了，大未必佳”。这句话用在现代职场上，可以理解为：刚进公司的时候，升迁很快，但到了某一个层次，却再也没有升迁的机会了；刚开始升得慢一点，以后快升，最后会升得很高。现实的职场中，很少有一路顺风的，除非他背景特别好，或者他就是老板的儿子。凡是在公司“坐电梯”上去的人，其实都很孤单；真正稳扎稳打地做到高层的人，是走“螺旋梯”上去的，这样的人会立于不败之地。

那么，一个人与同级的同事在一起工作时，要不要显得自己出色呢？我的理解是：一个人要显得出色，就是会照顾别人；有能力照顾别人，说明你已经很出色了。这两句话包含两层不同的含义：

第一，你会照顾别人，说明你有思想、有意识。在流行竞争观念的环境里，能够多去顾及别人、顾及同事，说明这个人的境界很高，有大局观念，所以你很出色。

第二，你有能力照顾别人，讲的是能力。同事之间做同样的事情，你不但自己可以做好，还有余力去照顾别人，说明你有能力。有一句老话叫作“心有余而力不足”，说的是一个人有帮助别人或者做较高层次的事情的想法和愿望，但能力却达不到。而一个会照顾别人，又有能力照顾别人的人，是既有较高境界又有很强能力的人。这样的人离升迁还会远吗？

一个识大体、顾大局，懂得关照他人的人，已经初步具备了一些做领导的品性，也就具备了一些升迁的条件。只会标榜自己，那叫孤芳自赏。

公司老板要考虑提升一个人，不是单纯地考量其有没有能力，主要考虑的是他有没有领导的习性、特质。领导要的是什么？要的是能够得到大家的心而不是个人的满足。如果一个人能够得到升迁的机会，一定是他有能力和同级同事相处，甚至是给同级的同事一些帮助。

此外，一个人有没有升迁的希望，是由高层决定的，而不是由基层决定的。高层一定是按照自己的标准来选择，你的思维越靠近高层，你的机会就越多。所以，年轻人不能巴结、不能讨好高层，但是要顺应高层。

不要太计较

常言道：老板给的好处，大家要一同分享。同样是经理，老板会特别尊重少数几位，不会一视同仁；同样是经理，老板一有事，就会想到某个人而不是想到其他什么人；同样是经理，老板一开会，一定会问他有什么意见，而不会问其他人。这个人实际上就是地下领袖——非组织的领袖。

同样是各部门的主管，他们之间也有高低之分，不可能一般高，就像十指还不一般齐一样，要看年龄、资历和声望等。一般来说，最后决定某件事时，老板往往会问一个人，那个人是谁？财务经理。我们都有这样的经历，你讲的意见老板都很赞同，最后一问财务经理，他说，没有钱啊，这件事情就算了。

所以，你要做什么事情，最好先去跟财务经理打交道，把财源找到，你才能讲话；你不考虑财源，天大的本领也没用——他一句话就把你整个否定了。

不算计

作为中层干部，要想跟平行的同事搞好关系，肯定是需要一些途径的，也需要有一些来由才好去做。

来由有很多。比如，只要得到奖金你就要赶快请客。外国人总是讲，奖金是我的事，干吗要请客？很显然，多数情况下，中国人的奖金根本是得不到的，如果你拿到奖金往口袋里一放，从此之后没有人理你。大家的习惯是，你可以不请客，但是以后没有人理你，没有人帮你的忙。你没有拿到奖金，大家都帮你的忙；你一拿到奖金，大家就开始观望了，大家一冷落你，你就必须乖乖地拿出奖金请客——抓住机会联络感情，紧要关头人家才会帮你的忙。

所以，太会算计的人在中国社会是没有什么地位的。其实不会算计的人，才是真正的会算。把钱放在自己的口袋里，不如把钱放在所有同事的口袋里。这个叫作“广结善缘”——只要老板给你好处，你一定要跟大家分享，不要独吞。这样做，所有的人都会拥护你。

能帮忙时尽量帮忙

老板鼓励你时，你不要真的以为是你自己努力的结果。如果你真的这样想，大家今后都不会去帮助你了。

也就是说，你的同级、同事想求得你的帮助时，你愿意帮他，也帮得很好，这是你跟同事搞好关系的一种方式。而且聪明的老板自然会知道这种情况，用不着你多说。我们常常把老板叫作我们的“头儿”，其实很形象。头最要紧的就是耳目，老板耳目多得很，你一动，就有耳目告诉他了。什么时候老板放心得已经可以不在你旁边放耳目了，你就可以放心地去做事了。

我常常跟很多老板讲，你有两只眼睛，有两只耳朵，但只有一张嘴，这是告诉你要少说话；你有两只耳朵，就是要听八面的；你有两只眼睛，就是要看四方上下，不是只看一面的。这样才是对的。把耳目塞住了，这个老板就不用当了。

避免本位主义

我们经常听到有人抱怨说，跟同事处不好关系。一般来说，导致这种问题的原因有很多，需要引起重视。

“为什么要帮别人？顾自己就行了。”本位主义从哪里产生？就是主管的一句话，我听得太多了。

一个部门经理告诉所有科长：把自己的事情搞好，少管人家的闲事。这就是本位主义。本来各位科长都很热心地相互支援，这以后就不能再支援了。对大家来说，公司就是公司，但是部门经理有本位主义，而因为公司要考核他，所以是公司造成了他的本位主义。

所以，数字其实是没有人性的，我们要透过数字来管理，不可以实施数字管理。这当中有很多奥妙，是有原则的。

得到好处要分享

假如你什么好处也没有得到，大家不会计较你；你一得到好处就要分享，大家都高兴。所以，我们为什么老骂有钱人，是因为有钱人值得骂。为富不仁，就是没有分一点给大家；为富而仁，所有的人都会赞美你。想想看，你舍不得那么一点点，就遭人骂，划得来吗？

要替各部门担待一些

某件事情做错了，老板在骂甲，乙说："其实这件事我也有错，我没有支援他。"这些话对乙没有伤害，但对甲有很多帮助。

也就是说，当别人有危难时，你不要隔岸观火，不要在旁边冷笑，你拉他一把，将来人家也会拉你一把。有人摔到水沟里去，有好几个人去救他；而有人摔到水沟里去，大家都当作没有看到——无论哪一种情形，都是自己搞出来的。

要得到老板的信任

你只要得到老板的信任，所有的部门都会非常配合你。中国人聪明得很，他知道得罪你就是得罪老板，他得罪不起。你跋扈一点或者小心一点其实都无所谓，最要紧的是，不要讨好老板，不要拍马屁，但是要做到他很赏识你，这才叫聪明。

互助而非竞争

我们前面讲到要善待自己的同事，在职场奋斗的人会问：同事之间毕竟还是存在竞争关系的，我善待他，他好了，我自己会不会受到影响呢？

对于竞争，我是这样理解的：你脑海里有竞争，现实中就有竞争；你脑海里没有竞争，现实中就没有竞争。而且我不认为世界上有什么竞争。

人类是互助而不是竞争的，既没有竞争，也不需要竞争，竞争是自己找罪受。同业可以联合，干吗竞争？今天业绩做得好，照顾一下那些不如你的，留些饭给他吃，不要赶尽杀绝，赶尽杀绝的结果是所有的人都对付你。

做产品，甲做一部分，另外一部分让给乙做，乙就可以生存，就不会搞什么鬼。如果甲大小通吃，别人就会跟甲进行价格竞争，非把甲拼死不可。

价格竞争对大厂最不利，对小厂倒无所谓。所以说，大厂就是众矢之的，一定要小心。比如说，挖人一定从大公司挖，不要去小公司挖——大家都是看准了大公司的人才而把他挖出来的。所以，大公司的人才经常被挖走，也很可怜。不要以为大公司就能留住人，一个小公司成立以后，就会把大公司的经理挖去当副总。

遭遇平级越位指示后要多反省

有这样一种状况，旁边人（其他部门经理）直接找乙经理的下属交待事情。照理说，他应该先知会乙："我要找你的下属（总要尊重乙一下），你同意我才去找他。"但是，实际上往往不是这样的。乙能有什么办法？乙没办法制止他。

丙接到另一个部门经理的通知，他最关心什么？会是什么心态？丙最关心的是这两个人在大老板的心目当中，哪个人的分量比较重，而且他很快就可以了解到。也就是说，他要知道听谁的话对他来说最有利。

如果丙发现甲经理最得老板器重，他也不必请调到甲部门，直接花钱送一份礼给甲经理——丙人在乙这里，心却在甲那里。

所以，我们常常感觉到明明是自己的下属，怎么喊他就是不动，别人一招手他就跑过去了，而且跑得很快。你生气也没有用，谁叫你没有能耐？

我劝各位，少怪别人，多反省自己才是对的。我们的老祖宗曾子每天反省自己——一个人每天反省自己最有长进。

部门里出现了这样的情况，乙到底应该怎么办呢？

与乙平行的干部没有通过乙直接找乙的下属时，乙应该怎样做？

一般情况下，平行单位是可以沟通的，但是你要照会一下主管乙：

“老兄，我有一件事情想请你帮忙。”经过他允许后，直接找丙谈就好了。

可是，如果你不照会乙，直接去找丙，而乙又很敏感的话，他就会起疑心：丙是不是对方派来卧底的（因为部门之间毕竟还是竞争状态）？丙既然是卧底，那我就给他很多假情报，让他当双面间谍。

假定问题已经有那么严重，下属已经身在曹营心在汉，怎么办呢？乙可以和他的左右手说：“哎，我想把他调到这个单位去。”这是暗示丙：既然那么热心，干脆过去就好了嘛，以后别在我这个部门了。

对平行同事的越位指示，主管不能不闻不问，不闻不问会助长这股歪风——任何事情只要有风吹草动，而你完全不处理，就是表示你鼓励这样做，你赞成这样做。但是，也不能很凶狠地去制止，因为制止没有效果。老子讲过一句话：飙风不终朝，暴雨不终日。就是说，狂风暴雨是不长久的。风如果吹得很激烈，两个小时就过去了，只有那种和风才会吹一整天。自然界和社会生活都是同理，中国人讲和为贵、和气生财，就是这个道理。

其实，让丙给其他人透漏假情报的目的是警告他：不要太明显；通过左右手警告他，表示你已经知道这个情况。

人在职场，心里完全不怕，这是不可能的。第一怕丢掉工作，第二怕被冷落，第三怕挤不到部门核心里面去。这就是人在职场的心态。只要被排在核心之外，员工就受不了，而身为干部，就要利用这种欲望来制衡各个下属。

第七章

Chapter 7

知人善任，让下属感觉被尊重

适才适用，还要跟踪指导

一个领导要下属做什么？是让他把工作做好。一个组织的各种活动实际上离不开工作，只要干部工作做不好，老板就会伤脑筋；只要员工工作做不好，干部就会着急上火。

下属事情做不好是谁的责任？是领导的责任，是因为领导指派工作不恰当。

指派工作是考验领导能力的一项重要指标

如果老师指定的作业全班同学都做不出来，这个老师是有问题的。老师一定要会衡量学生的能力和时间，然后给他指定作业，这才是好老师。

干部也是一样，你用 6 个下属，就要对 6 个下属的能力、水平一清二楚。给甲挑 50 担，因为他能够挑 50 担；只给乙挑 20 担，因为他只能够挑 20 担。你不可能给他们同样的工作，否则就表示你不识人。对不同的人给予不同的任务，这叫作知人善任。如果一个上级有这样的认知，对下就比较慎重。

派活这件事是考验你有没有领导能力的一个很重要的指标，要慎重。你分派的工作七派八错，结果搞得一团糟，最后你要扛这个责任，麻烦还是你的。这个人不喜欢说话，你偏要派他去沟通，这是自找死路；那个人很喜欢说话，你派他去谈判，还是死路一条——他一直说却不肯听。谈判的工作是先要沟通，然后再谈判，光说不听，能行吗？

指派工作要根据每个人的个性、习惯和能力，要综合考虑，这叫作适才适用。大材小用不行，小材大用也不行，一定要适才适用，才能体现出来你做领导的本领。

走动式管理

另外，指派工作后，你一定要跟踪。现在许多管理过程都缺乏这个环节。

例如，你分派某人去蒸馒头，某人说“没问题呀”。然后他没有蒸，你也没有再过问，等到吃的时候，他会说：“哈哈，我忘记了。”你能把他怎么样？

有些人从来不找其他理由，只说：“啊，抱歉，忘记了。”一言以蔽之，那谁倒霉呢？当然是当干部的倒霉，大家饿肚子，你得担责任。你为什么不跟踪呢？“跟踪”是做好工作的一个重要环节。你派人去看看某人到底有没有在蒸馒头，有，就放心了；没有，就再找一个人去问他为什么不蒸。这是跟踪。

所谓“跟踪”，实际上是分派完工作之后要去检查：这个下属有没有在蒸馒头，或者他蒸得对不对，发现问题要及时处理。

另外，如果你的下属拖到最后才告诉你："没办法如期完成任务，我已经尽力了。"你应该反省自己：平时自己在干什么？为什么没有及早察觉？

企业内部应该是一种动态的而且是互动的状态。当你将工作指派下去后，一定要求下属不定期地向自己汇报；你也不能坐在那里坐享其成，要"跑来跑去"：跑到这儿，就是要这个下属汇报；跑到那儿，就是要那个下属汇报，不汇报你就问他。这样就掌握了任务的进度，最后一分钟才报告无法完成的事情才不会发生。

这种管理方式叫作"走动式管理"。你的责任就是要跟踪、催办。而下属一般也不愿意你跟着催，因为大家都有共同的心态，最怕上司一天到晚催啊、逼啊，如果下属自己主动向上司报告，上司自然就不会再去跟催。

另外，这其中有一个当领导的心态问题，老板需要了解情况，希望下属能直接向他汇报，但是很多下属不懂得领导的这个心态。所以，见到老板，你要抓住机会向他报告。抓住机会，就是要让老板放心。当然，这也是下属应该做的事情。

这样一来一往互动，实行"走动式管理"，就会保证如期完成任务。所以，正确的解决方式应该是这样的：下属发现不能按计划如期完成任务，一定要及早报告给主管；主管也要实施"走动式管理"，及时督导。

分清下属是“不能”还是“不为”

下属做不好工作，老板不想开除他，而是希望他做好。在这种情况下，身为中层干部的你该怎么做？

孟子讲得好：一个人做不好，有两种状况，一种叫作“不能也”，一种叫作“不为也”。

如果一个人真的不能干，很容易，去训练他、培训他就可以了。但是，他能干却不做，“不是不能也，而是不为也”，原因有三：第一，不肯做；第二，不敢做；第三，不愿做。

作为领导，如何判断到底是哪种情况呢？

很简单，如果他平时工作做得很好，而此时不做，就是不愿做。

我们一定要分析一下他为什么不情愿做。第一，他可能觉得委屈；第二，可能是做了半天，却连一个口头的奖励都没有。

一般情况下，除了激励机制不够以外，中国人最在乎的就是自己在他人心目中的位置，在乎自己在他人心目中有什么分量。这是外国人始终没有办法了解的。最典型的事例是男女情侣吵架。吵到最后，女孩子哭起来的时候一定会讲一句话：“我到现在才知道，原来你的心里根本没有我。”言下之意是，没有送钻戒没有关系，看不起也没有关系，穿得不够体面也没有关系，但你心中没有她就不行。

安抚好能干、耍大牌的下属

一个很能干的人，很在乎上司心中有没有他，只要发现上司心中没有自己，他就不干了。敢这样做的人都是有两下子的，俗话说："没有三两三，谁敢上梁山"！结果就是三个字——"拖死狗"：不辞职、不做事情、你讲什么就是不听。而你要开除他，所有人都觉得，开除这么能干的人会影响员工的情绪，令你为难。

事实上，越能干的人越喜欢耍大牌。手下有这么一个人，你该怎么收服他？该如何让他心甘情愿来给你干活？这也是考验你管理水平的时候。

如果我是干部，我会到所谓"大牌"的人家里去看他。我一到他家，他全家人都紧张："你看，搞到领导都来，可见你平常不守本分。"家里人会给他压力。但我一定说"没有什么事"，而我越讲没有事，他就会越紧张。这样做就等于把人事部门放到他家里面——有人替你天天看着他了，比什么都管用。

我还会对我手下的员工说："我告诉你，我不会看错的，我知道我们这个团队所有的人里面你最可靠，你最有能力。我不会看走眼，你不要以为我不会看人。但是，我如果捧你的话，所有的人都要打击你，你会划不来。所以，我会在众人面前压你，但是私底下我会捧你。我现在让你选择，你是让我在公开场合捧你，还是让我在公开场合贬你？”下属说：“最好贬我，我比较安全。”我会说：“那不好意思。”第二天怎么样呢？他一定好好干，干得比谁都好。这就叫作“请将不如激将”。

这样做不仅需要一种技巧、一种方法，更需要一种胸怀。而作为干部，胸怀要很宽广，一定要舍得让手下员工表现。

这就是我们所讲的制度外运作，也就是我们之前讲的有好制度，还需要“软件”配合。

不过，这种“拍肩膀”的方法虽然“惠而不费”，常用却不行。适当的情况下，还是要给下属加薪的，10 次“拍肩膀”，要有 1 次加薪才有用；10 次“拍肩膀”都没有加薪，到第 11 次再去拍的时候，他会痛的——少来这套。这时，你的办法就没有用了。

一个好的管理者，是这样用人的：精神一定要配合物质，不能嘴巴讲讲就算了；但是物质是无底洞，也不能常常给物质。所以，有时候我们“拍肩膀”是很管用的。

但是，我也提醒各位：作为中层干部，你千万不要去拍老板的肩膀。

把自己的意见变成下属的意见

人不是天生就会当主管的，我在 39 岁以前根本就是稀里糊涂的，却偏偏让我当主管，把我累得半死，几乎没命了。39 岁那一年我才领悟到，我这样做是既糟蹋自己，也不尊重下属。所以，我就开始不给下属任何答案，不做任何指示。我也才逐渐注意到：人对上级的指示最多尽力而为，应付、敷衍。因为你越要证明老板的指示是对的，自己越累；而你的证明让老板越有信心，什么事情都要加强了，下属就累惨了。

有的员工对老板的指示很可能会应付，可是对自己的承诺却会全力以赴。我们要的就是下属全力以赴，而不是尽力而为。

于是，我就领悟到了：自己讲没有用，下属只是听听而已，不会百分之百地相信。很少有人会百分之百地按照老板的指示去做。上有政策，下有对策。做到六七十分就够了，干吗勉强自己啊？这就是大部分人的心态。

因此，要把自己的意见变成下属的意见，让他自己说，他一说，就是在承诺。老板还要进一步问下属："你说这样，但你做得到吗？你未免理想太高了。"

下属一定会说："我可以。"

老板会继续说："你说得这么容易，我们的资源又不够，人员又有限……"

下属会说："没问题，没问题！"

而他既然承诺了就必须全力以赴。

让下属思来想去，集众人之志

作为干部，你一定要养成一个思维习惯：一件事情最好有几个解决方案。以前我们都认为办法是唯一的，而现在我们知道了，解决问题的方案有好几个，而且最好的方案永远是我们没有想出来的那一个。

下属把方案说出来了，不要批判他——你一批判，下属就知道你不赞成这个方案，然后就不朝着这个方向去做了，不要放弃任何可能。

你和下属讲话，要面无表情——没有表情，大家就猜不透，就会继续讲第二个、第三个、第四个方案。统统不要点评，只讲一句话："还有吗？"身为管理者，不要否定前面的发言，也不要赞成哪一个；要请没有讲话的人说看法，要动员大家，直到实在没有人再想出办法来。

如果大家讨论来讨论去还有不同意见，就要让大家再想想，第二天再拿到会上来讨论。

管理者："昨天我们有这么几个方案，今天还有新的吗？"

下属："没有。"

管理者："为什么没有啊，你们昨天没有想吗？"

下属："想了想，就这么几个。"

管理者："好，就这几个，你们再想一想，哪个比较好。"

你一定要让下属思来想去，把所有智慧都发挥出来，然后再说："我们暂时就这样定了。"因为还有时间，你就可以拿这个去问问别人，看看还有没有什么好的想法。

老实讲，一个人总想一个问题，越想头脑越热，就越想不到。就好像你在家要找剪刀，偏偏什么都找到了，就是找不到剪刀。这是非常有趣的现象。同样的道理，我会对我的下属说：“当你想不出新方法的时候，你就不要想了，转眼你就会有灵感。”而灵感往往是最妙的点子。

让下属多动脑筋找出最佳方案

我们反复讲，一个问题会有很多方案，有好的也有不好的。可能你提出的这个方案是最好的，但未必就是正确的。

提出一个意见之后，你要让大家分析这个方案的利弊在哪里，要虚怀若谷。把每一个方案的利弊统统分析出来以后，你大概就有基本方案了。这个方法非常科学。

所以，我们在没有决定之前，要广开言路，让所有人把意见都说出来；在决定以后，就必须很专制，谁都不许改。

事情没有到最后关头，最好不要做决定，要多放开，让大家想出更多不同的意见。这没有坏处，因为会养成大家多动脑筋的习惯，对自己也是非常有好处的。当你把指示变成大家共同的意愿时，大家执行起来就会责无旁贷。就好像一个家庭一样，如果都是妈妈一个人操心，妈妈就老得非常快，而小孩子又不长进。如果家里面每个人都动脑筋，大家就比较愉快。

承上启下，不出卖老板

在很多情况下，大老板的指示要通过中间阶层往下传。那么，中层干部应该如何给他们的下级做指示呢？

一般人只是把大老板的话直接传下去，那不叫承上启下，那叫作出卖老板。

一个生产部门过一段时间要提高单位时间的劳动成果，原本 1 小时做 6 个，现在 1 小时要做 7 个或者 8 个才会产生效益。所以，大老板决定放假过后，改成 1 小时做 8 个。他下了这个指示，你是生产科长，如果这样传达下去：“各位，有件事情宣布。这次放长假大家好好休息休息，回来以后要抓紧时间了，因为，现在老板已经决定 1 小时做 8 个了。”这必然会引来一片责骂声。

你这样做是在害老板、出卖老板，因为你说“这是老板的决定”，所以人人怨声载道，老板的脸色也会很难看。大家抱怨老板，你这个干部也会倒霉。如果我是老板，我不会用这种干部——连传达命令都不会。

如果我是生产科长的话，我会找一个比较资深的领班去处理这件事——所有的事情都要通过你的下一级干部去做，这才叫领导。

生产科长会跟领班讲：“我们现在 1 小时做几个？我都忘记了。”

领班："6个。"

生产科长："已经做到6个了，很不错了。那看有没有可能多做几个？"

领班不会说绝对不可以，因为他说绝对不可以的话，生产科长会问他"为什么不可以"。

领班："可以是可以，不能加太多了。"这样回答，十拿九稳。

生产科长："当然不能加太多了，加太多了，谁也不会干的，神仙都没有办法。"完全站在对方的立场，他不能抗拒。

领班："我看这样吧，最多做7个。"

生产科长眉毛皱一下，说："只能做7个吗？"

领班："我告诉你，最多做到8个，超过8个，谁也没有办法做了。"

生产科长："那当然了，多于8个谁做呢，那你说的7个有没有把握？"

领班："应该有。"

生产科长："再盘算盘算看，有没有问题？"

领班："没有问题。"

生产科长："那如果做8个呢？"

领班："稍微激励一下，用什么配套改变一下。"

生产科长："你再想一想，做8个会不会完全做不到？"

领班："还是可以做到的。"

生产科长："我去跟老板建议一下，说做8个是你的意见。"

领班很高兴，因为他有功劳，然后他会给所有的人加压。有人泡怨说他没有良心，他会说："你有没有良心？ 8个，我做给你看。"

老板就很愉快，因为干部会用人啊！这个原则跟当老板的原则是一样的：把老板的指示变成下面主动的要求。但我们要用好好商量的办法，不可以用直接下命令的办法。

那领班肯定就会这样说吗？如果做8个行得通，主管就会有把握，除非真的做不到。领班不能接受，主管会跟老板反映，最多做7个，老板也会接受，因为主管已经经过实证了。

老板最痛恨的就是：你没有去做就反对我，是不是对我有成见？你做做看，做不通再说嘛！能够设身处地，能够将心比心，你对所有的人和事就会一目了然，因为人同此心、心同此理。很多人就是太自我了。在中国社会，只要你自我感太强，你的挫折感就会很大，所以要把自我减少。我们的高级领导很少说"我"，到某个地方，绝口不说"我"字，就叫自己的名字，是有道理的。

增事不增人，不要硬碰硬

增事不增人，这是部门经理经常遇到的难题。经理接到了新的工作，他必须指派下去，而且不能让基层不情不愿地接受。要增加下属的工作量，怎么做才能让下属心甘情愿接受呢？一个有能力的管理者要对下属有所了解和掌握，量才适用，让下属理解你的用意和难处，主动承接新的任务。

我当经理时，老板叫我开会，我没有办法抗拒。我只要多说几句，老板就会翻脸："又不是让你做，啰唆什么？只是把工作领回去，你就啰唆半天，让我很难堪。"的确，根本不是我做，但是多说一句，老板就会继续说："我只是让你把任务领回去让他们做，连领任务都在抱怨，你太不识相了！"

所以，一个人做到中层，要记住：你是没有什么抵抗力的。可是，基层人员就会硬碰硬地跟你顶撞，因为他虽然会怕大老板，但是他不会怕你。大老板如果下去问"你们不愿意接受新的业务吗"，大家都会说："哪有这回事，没有这回事。"但是，你让他做他就是不做！

我当经理，会把科长找来（记住：原则上永远让次你一级的人去忙，绝对有效），对他说："你看又增加了一个工作，我推辞也没有用，可我接受就是害死你们。"

科长："你不要这样讲，不要这样讲。"

经理："这是事实嘛。"

科长："不是这样的，公司总要有新业务才会增长嘛。"

经理："你不要急，你动动脑筋，想想看到底谁做比较合适，你再去让他做。"

科长："我知道了。"

同时，我还要提醒他注意哪些问题。

你会发现，你跟他讲道理，他抗拒；你不讲道理，他反而跟你讲道理，这就叫作“由情入理”，这是可以实践的。中国哲学是活学活用的，中国人有很深层次的智慧——当主管遇到困难时，下属反过来会开导、劝慰他。

再往下设想一步，如果我当科长，我会看一看、想一想要派谁去做。

如果有意要给朱先生做，科长不会说：“朱先生，你来做，我请你做。”这会造成他的抗拒心理。科长会把朱先生请来，但是不会说要交代工作给他，而是跟他发牢骚：“你看看，没有增加人，新工作倒是越来越多，这怎么干呀！”

朱先生会说：“科长，你不要这样想，哪一次不是这样？每一次都是这样！”

科长：“老这样，我真的受不了。”

朱先生：“那没有办法，那你只有接受了（中国人是同情弱者的，你能够让他同情，他就很愿意帮你）。”

然后，科长把工作拿出来说：“现在有个新的业务，你帮我想想看，给谁做比较好，我现在脑袋乱得很。”

朱先生看了半天，说：“那干脆我做算了。”

于是科长说：“你忙得过来吗？你还要做新的业务？”

朱先生：“还可以。”

科长会叮嘱他：“你千万不要太累啊！”

朱先生："不会的。"于是，就拿去做了。

中国人是这样的，你充分尊重他，他会非常讲理。

有人会问，如果对方说要给别人做，怎么办呢？

没有什么不可以。我希望各位做事不要强制，如果想强制别人做，你还请他来商量，那你就是虚伪，你就是在耍权术。在中国，玩弄权术的人最后都倒霉。我希望各位记住一句话："精于刀者，死于刀；精于枪者，死于枪；精于权谋者，死于权谋。"

我会诚心敬意让对方帮我想想给谁做。他如果说给巩小姐做，我要问他为什么，他总要讲出个道理来。

朱先生："你不知道，你没有来以前，她就做过类似的工作，她做得非常好，很有经验，你找她做没有错。"

科长会仔细询问："你再好好想想，是不是这样？"

朱先生："保证没错。"

科长马上回答他："好，好，你不要去跟她讲，我自己找她，免得为难你。"因为朱先生的建议很有道理，态度很诚恳，科长就听取了。

于是，科长就锁定巩小姐了。不必再拖沓，把巩小姐请来，把所有关于新业务的东西都藏起来，不让她看到（中国人是很精明的，一看到桌上有什么东西，马上就知道为什么要找她，她心里就会很快地去盘算)。

科长把巩小姐找来说:“你真是了不起。”

她不明白:“我没什么了不起。”

科长进一步说道:“你看,我没有来以前,你做了一件事情,一直到现在人家都还在赞美你……”

她很高兴,科长接着会说:“哎,拜托……”她会很愉快地拿去做了。

现在很多人做事不动脑筋,一切公事公办,这是行不通的。中国人见河搭桥,见人说人话,见鬼说鬼话——有效就好。但是切记,不可以存心害人。我想这几句话大家都很清楚:没有一点花样,什么都行不通;存心搞花样,所有人都不喜欢你。

指出下属的错误,还要让他有面子

所有的人犯了错误之后,旁人都要给他留面子。用孔子的话说叫作“不二过”:一个人第一次犯错误,你没有放过他,太残忍了;但再犯一次,就不可饶恕。

指出下属错误要有策略

如果公司的打字员打错字，你敢不敢告诉她？你告诉她没有用啊！你说:“你怎么老打错字呢？”她嘴上讲“不好意思，不好意思”，但是心里会想：你来打打看，看谁错的多。对我而言，我老眼昏花去跟她一起打，当然我的错多，于是她会更加不服气。所以，我不会犯这样的低级错误。

我会很有策略地讲：“你有没有听到大家都在赞美你很会穿衣服啊？但是，人家也在批评你老打错字，我看只错五六个字而已，可是人家讲得很难听啊！”我讲是别人说的，她就很容易接受；我讲是我说的，她压力很大，就会抗拒。而且我先赞美她，然后再批评她，最后再赞美她，这叫作“三明治法”（如图 7-1）。于是她就接受了——我让她有面子，她就会接受。

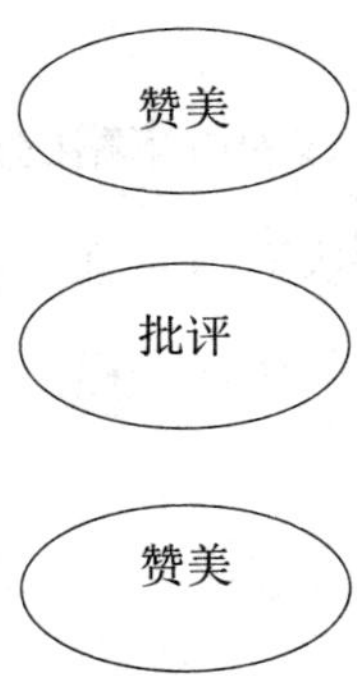

图 7-1　指出下属错误的“三明治法”

有人问，如果她不接受怎么办？因为现在的年轻人完全不懂得措辞、策略这些道理。那我也还是有办法的。

我说："人家说你打错字，讲得很难听啊！"

她马上问我："谁说的？谁说的？"

我说："你不要问谁说的，你不要打错就好了嘛。"

她说："不行，你一定要告诉我谁说的。"

我说："好，我现在就告诉你是我说的。"

她说："是你说的，你就说是你说的，干吗说别人说的呢？"

我说："好，你想知道原因，我告诉你：因为你还年轻，完全不懂道理，我说别人说是给你面子，我不是撒谎，跟你撒谎没用，我干吗跟你撒谎？我只是不忍心让你受不了，所以我才措辞说是别人说的。现在你连面子都不要，那太方便了，我们不要在这里说了，我们出去说给所有人听。"

她马上跟我求情："不要，不要。"

我告诉她："以后我说是别人说的，就是我说的，你听清楚没有？"

她说："我懂了。"

我要教给她这些道理。这种讲策略的方法才是我们中国人应该有的方法。如果一件事情做得没有效，你就不要做，因为那是徒劳无功的——就好比你直接指出她的错误一样。

初犯不罚，再犯不赦

如果你不允许一个人犯错，他就不敢做事情了，很多人就是怕有过失才不敢做事。因为不做，他就不会错。所以，很多人一直批评中国人的一种观点：不做不错，少做少错，多做多错。我认为，那是正确的统计数字：你做的次数多了，错误就多嘛！你做的次数少了，错误就少嘛！你不做，当然不会有错了。

我们要让他敢做。第一次错了，只要他是无心的错，不要骂他；但如果他是有意识地犯法，就抓去关了。要将错误性质分得清楚、明白才好。

我当主管时对我的下属讲："在法律面前人人平等，我维护不了你，你要自己负责。只要你不违法，有什么错误，你尽量去避免，实在避免不了，你跟我坦白，我就保护你，这是我的责任。"事先要把原则定出来，处理问题就简单明了了。

重在教育过程

我们说初犯不罚，目的是让初犯者接受教训，给他再次做事的机会。怎样才能让他接受足够的教训，下次不再犯相同的错误呢？这取决于你的教育过程，就管理而言，过程很重要。

如果你是主管，上班时你的两位下属跑出去打游戏，你怎么办？

明明是上班时间，他们两个出去打游戏，你不管，你的老板就不能放过你：你当什么主管？连你的下属出去打游戏都不管，不是要天下大乱吗？所以，绝对不能不管。

我就是那两位的主管，我告诉大家我怎么管。其实，我根本管不了他们，在公司里我是主管，出了公司我就不是主管，他们两个人合起来欺负我，我能有什么办法？所以，我不能去找他们，但也不能不管他们。我想找一个人去把他们叫回来，没有人愿意去，大家心里想，你当主管都不敢去，我们去找打啊？在外面他真的揍我们怎么办？所以，我只好自己去了。我的想法是最好不去，去冒险干什么？可是，作为主管有这个责任，非去不可。

但是，去了那边我就假装没有看到他们，而让他们两个看到我，然后我就走了。他们两个一定说："奇怪啊，主管怎么会来这里？一定有人打小报告。"就开始骂那个打小报告的人，然后他们两个就回来告诉我："我们两个没有去打游戏。"我说："没有就好啊，告诉我干什么，这不是此地无银三百两吗？"他们说："我们两个是刚才来上班的时候，觉得精神萎靡不振，所以出去动两下先精神精神，回来就工作。"我说："太好了，那就好好工作吧。"

我不会处理他们，但是我也不会放过他们，不然还怎么管理其他人？

他们两个去工作，我就慢慢走到老板的房间去，之所以如此，就是让他们两个看到我到老板房间去。我们先谈其他事，谈完，我就告诉老板："我有两个下属上班跑出去打游戏，现在已经回来了。"老板不吭气也不表态，他就要看我怎么办。我说："这个风气不可长，我要给他们记个大过，但要老板你做人情放过他们。"老板一听就懂了。

我回去找他们两个说："刚才我去找老板，是去打听打听，老板知不知道你们两个跑出去的事情，如果只有我知道的话，就算了。大家老同事，我干吗找你们麻烦，没有想到老板知道。"我就反问他们怎么办，把这个难题抛给他们，他们说："既然老板知道了，你就处罚吧。”我说：“那不行，我们这么多年老同事，你们平常帮我这么多忙，我翻脸就处罚那怎么行。”他们说：“不行啊，你有你的立场嘛！”我说：“那这样好了，我把你们供出来，然后看看老板怎么处理？”他们说：“没有问题，你供吧。”

于是老板就把他们两位叫去：“你们早上去干什么了？”他们就开始骂主管：“平常他虐待我们，其实我们只是出去透个新鲜空气。”老板就告诉他们：“你们两个真是看错你们的主管了，要知道你们的主管为这件事情，到我这里跑了两三趟，都是在求情的，你们这样没有良心，太糟糕了。”

这是教育的过程啊，非常重要！不是欺骗来欺骗去。

他们两个也很机警，说：“我们毕竟是违反规定了，既然我们被主管供出来了，我们服从。”可教，这个人可教啊！老板说：“没有关系，人非圣贤，你们又不是故意跑出去的，你们的主管也替你们求情，他的报告只是要给你们记过，但是我看现在也不必了。你们两个在这里签个名，从此不犯，我们就不管了；如果犯第二次，两罪一起罚，怎么样？”处理完了，三方都很圆满。他们以后再去打游戏，两罪并罚。

整个过程我是给他们以充分的教育，让他们充分认识到错误的严重性。所以，教育要有一套方法，如果没有方法，就不是教育。

如果只是等他们回来后给他们记过，这样做才没有效果。有些人为什么会屡劝不改？就是教育没有方法。学生始终不听老师的话，就是因为老师用这套——硬来，这种方法行不通。

管理干部重在做人，教育员工要诚心诚意

有人会说，像你那样做会占用很多时间，把自己纠缠在处理这些事情的方式当中。像这么一件简单的事情，处理起来都要反复好几次，的确很麻烦。但是我们要问，主管平时在做什么？主管平时根本没有事，他的事情就是管理。越是高层越没有事，高层越是忙，就越表示他管理不当。

高层要花 70% ～ 80% 的时间来做人，只需维持 20% ～ 30% 的时间来做事；基层 70% ～ 80% 的时间在做事，不能花很多的精力去做人；中层干部 50% ～ 60% 的时间做事，40% ～ 50% 的时间做人（见表 7-1）。所以，干部不做这些做什么？你还有什么事可做？这就是你的职责啊！

表 7-1　各阶层人员时间分配表

层次	时间分配	
	做事	做人
基层	70% ～ 80%	20% ～ 30%
中层	50% ～ 60%	40% ～ 50%
高层	20% ～ 30%	70% ～ 80%

很多人都有教育孩子的经验，小孩子犯错误不是一打就不犯了。所以说，孩子不能打，要用爱的教育。你越打，他越皮，他在你面前很乖，出去就不一样了——这是你打出来的，是你教育不成功。

上述事例中的员工虽然没有被记过，但这个教训他们会牢牢记住。这个教训折磨了他们两个小时，他们是永远也不会忘记的——我

们教育的整个过程就是要让他们铭刻在心。

最后，要让他们知道你是好意，是诚心诚意想帮助他们改正这个过错，出发点是真诚的。

下属越级报告后与其认真沟通

自己的下属越级向上级报告，作为中层干部，你应该怎么办？

越级报告是沟通不畅的结果，哪里堵塞了，哪里就要疏通。渠道畅通，大家共事就会愉快。

首先，先检讨自己——一定有做得不好的地方，才会使别人这样——要是好好的，他为什么会这样？员工丙报告给自己就好了，为什么非要冒着得罪自己的风险去越级汇报呢？

其次，一定要去找丙。对他说："你去找老板这是很好的事情，因为老板是我的，也是你的，我可以找他，你也可以找他。"于是丙会告诉你，他是不得已的。你要诚恳地对他讲："没有关系，你以前讲了几次我都没有听清楚，但现在再讲给我听听，大家好好想想。"

下属越级报告，作为中层干部、主管，千万不要刁难他。

当一个人碰到瓶颈时，唯一的办法就是面对这个事实，认真想办法去突破，而不是在那儿发混账气、耍权威、摆脸色给人家看。当你做了什么不好的事情时，一定要冷静地面对，去改变，去克服。你有诚意改正错误，你的下属就会慢慢地回心转意与你和好。

人非圣贤，孰能无过？错了不要后悔，也不要骂人。错了，要冷静地想一想，自己一定有什么做得不对的地方。也不必给他人道歉，好好地跟对方谈，我们自然会找到一个共同点，大家一起来努力解决问题。老板自然就很赏识自己，下属也自然会佩服自己，将来大家共事就很愉快。

事情得到妥善解决后，是否会给基层的员工造成错觉，认为以后的事情不必找中层干部，直接找老板就好了呢？很多中层干部都会有这样的担心。

其实，这不是实际的情况。中国人不喜欢惹事，只有迫不得已才会冒险。大家都喜欢走正常渠道，正常渠道不畅通的时候，才走非常渠道。既然正常渠道现在已经通了，就照常走好了，干吗去走非正常渠道呢？

作为中层干部，你要让下属感觉到，你这儿的渠道是通的。做到你的下属肯和你沟通，你就成功了。下属如果不肯跟你沟通，你还要多多用心，另外想办法。

怎么用心呢？很简单，就是去照顾他，你照顾他，他就跟你沟通；你不照顾他，他就不理你，他也根本不需要理你。

有人会问，如果下属有很多人的话，是不是要照顾到每一个人呢？

我认为是一样的道理。会当干部的人应该有这样的本事：所有下属不见面不打招呼就不会下班。为什么？有突发事件时，他怕你找不到人。能做到这一点，你就成功了。

第八章

Chapter 8

展现魅力，成就领导的气场

守本分——明白什么该做，什么不该做

一个人很热心好不好？好！可是有人会说："多管闲事！这么热心干吗？"但一个人不热心又会挨骂："只顾自己，本位主义。"所以做人真的很难：你去帮人家忙就是多管闲事，不帮人家忙就是不乐于助人。

但是，你千万要记住：把本职工作做完，还要热心帮助别人，这才叫作本分。把事情做完，其他事不管了，那不可以；本分没有做好，就拼命去帮助别人，也不对。一个人只要该做的事情没有做，就没有权力去帮助别人。如果那样做，就是想讨好别人、想邀功，就是有不良企图。

所以，我们慢慢可以感觉到，人只要一动，就有人整他了。有人会想，这个人不做自己的本职工作，专门去帮助别人，他肯定有什么不良企图，要不然怎么会这样？另外一种情况是，这个人只顾自己，对别人的事情漠不关心，也会有人盯住他：为什么会这样，他是不是想把东西偷走、移走？要不然怎么会这样？

所以，守本分，做好自己的本职工作，你可以大胆地守，而帮助别人要很谨慎。这个度一定要把握得很好。

比如，没有人敢帮采购员买东西。“哎呀，今天采购不在，我来代办吧。”你真的这样做了，大家就会怀疑你想拿回扣了。

另外，如果有人提议“我们公司去青岛旅游好不好”，马上就有人赞成：“很好，很好，我表姐在旅行社。”

如果我表姐是在旅行社工作的，我不会主动讲，大家找到我，我要说：“这种事情找别人，不要找我表姐。”如果大家一定要找她，我才勉为其难叫她来做。这样，就不会有人怀疑我。

所以，“瓜田李下”很重要。太热心的人总是容易被人家怀疑是有企图的，如果你采取推、拖、拉的办法，推到最后，大家都会认为这样做没有问题。

任何事情一定要做到人家没话讲，你才算成功了。

守规矩——守员工心甘情愿接受的制度

中国人做人实实在在，做事规规矩矩，我不相信中国人不守法。

守规矩是什么？就是你一定要搞清楚所有的规章制度。我们现在很少这样讲，是因为我们公司的规章制度根本就不适用——都是东抄西抄来的。制度不可以抄袭，因为每家公司的状况不一样。

而且，很多老板、干部不明白，规章制度是要用来执行的，要由员工自己定才有用，老板和干部定都没有用。

我辅导的公司要制定规章制度，都是把员工找来。生产部门要什么制度自己定，只要能生产出来，什么时间上班都可以。员工们自己开始议论，就不用我出面了。

所以，守规矩的第一条就是，企业定的制度应是员工们心甘情愿接受的，是他们愿意遵守的。

很多公司要求员工打卡，由此产生了很多弊端。员工去客户那里修理机器，修理一半就停下来，说要回去打卡。客户就不高兴，员工说："我打卡要紧啊，机器可以明天再来修。"

现在，越来越多的公司是不打卡的，因为打卡有太多的问题没办法解决，关键在人。公司叫员工打卡，8 点上班，员工 8 点 20 来了，把打卡表调回去，打完再调回来。公司能把员工怎么样？管理者没有什么办法。其实，不要太相信那些死的东西，因为人是活的。

换句话说，人们愿意遵守的时候，这就是规矩；不愿意遵守的时候，这就不是规矩。

守时限——提前完成才能做到

很多人跟我讲："我的干部不守时，每次开会都迟到。"我如果跟他讲真话，他会受不了的："就是因为你声望不够，人家不怕你！"因为你威严不够，别人根本就不拿你定的时间当一回事。谁不守时呢？中国人该守时的时候一分一秒不差，不该守时的时候，又有那么多的"规矩"，由此才造成现在不守时的情况。这就是中国人的变动性。

还有，干部自己是不是守时也很重要。一般情况是，员工会看干部。所以，做干部的自己要去接受挑战，要学会带人——把大家带到都很守时。

我们一定要遵守时限，否则大家都浪费时间。什么叫作守时？我认为，守时就是提前完成。如果不提前完成，几乎做不到守时。

我在英国叫计程车，司机会一分不差地来按我的门铃，有人会说，那他不是神吗？不是，是他提前到了，他在外面守候着。这才叫作守时。

我们经常遇到这种情况："去机场要多久啊？""半个小时肯定到了。"然后他迟到 10 分钟，一上车就跟你讲："时间有点紧张。"你看，自己迟到还要"要挟"别人。

对付这种人我有自己的办法。明明是 10 点的飞机，我会跟他讲 9 点半。他会在 9 点出发，哎呀！急得要死，我一点不急，我自己留了半小时在那里，我急什么？你要跟司机讲实在话，没给自己留有余地就会逼死自己！

守承诺——除了理，还要讲人情

“凡轻诺者必寡信。”我当领导，一个任务交代出去，如果下属马上讲“没有问题，很快可以做成”，我不能相信他，我会派人去跟踪他；我会比较相信那些跟我说“给我两个小时，我琢磨琢磨再给你汇报”的下属。

有人会问，在接受工作时，即使很有把握也不要轻率地答应吗？回答是肯定的，即使很有把握也不可以。

守承诺，要一诺千金。外国人对于重视的事一定要写出来才算数，讲的话绝对不算数——我们观念里的外国人就是这样。所以，我们一定要了解他们的特点，不要上当。而有些中国人签字也不算数，承诺也不算数，宣誓还是不算数，但是只要他心里认定了，就算数了。也就是说，凡是有形的东西，对这些人几乎都没有什么约束力。这就是区别。

面对持不同文化的人，如何让他们守承诺，确实说到做到呢？

要让一个外国员工签署一份文件，不是那么容易的。他会从头看到尾，有不同意的条文会跟你讲，你同意他才会签字。而他只要一签字，就是算数的。所以，假定你要罚这个外国员工 1000 美元，他会问：“你凭什么罚我？”你指着文件告诉他：“这是你自己签的。”他就乖乖认罚。

而你罚某个中国人 1000 元人民币，他会问："你凭什么罚我？"同样，你指着文件说："你来看看，这是你自己签的。"他会拿起文件再看一下（这时候他会很仔细地看），然后他会讲一句话："奇怪，怎么会有这条？如果知道有这条，我根本不会签，我当时没有看到这条才签的。"他不认账。

面对这样的情况，我们是不是没有办法了呢？怎么办？只有走合理这条路。只要你的条约合理，他签不签字都会守承诺；不合理，他签了也不算数。你的合同是很合理的，闭着眼睛签，他也一定会遵从。合理的东西没有人不遵从，这是简单的道理。

那么，我们如何要求大家按承诺去做呢？

举例而言。甲、乙二人做买卖签了约以后，物价一直涨，甲就天天在家里骂乙捡便宜了。那么乙就主动还甲一点，补贴甲一点——因为甲吃亏了。这样甲还会骂乙吗？绝对不会。甲跟乙签约以后价格一直跌，那就换成乙骂了，甲就退还乙一点货款，乙就没事了。

所以，我们一定要懂得这么一种思路——除了理，还要讲人情。要不然，你没法跟别人打交道。

重改善——避免突变，而要永远在变

所谓“改善”，也就是持经达变。我在欧美读书时，我的教授们跟我讲：“你们中国人不会变，你们很保守。”我听了心里很高兴，我真的很高兴：一个这么会变的民族，几乎已经到了乱变的时候了，还会弄到被人家看不出来。其实是中国人习惯渐变，不喜欢突变，所以，中国人总像没有变一样。

儒家最了不起的就是“不停滞”理论，永远在变，可是没有突变。因为只要突变就有人抗拒，我们会变到让人无从抗拒。

公司总经理宣布要修改人事规章。员工会想：是不是薪酬体系要改变？如果薪酬体系一改变，所有人都反对，没有人赞成，因为大家的既得利益要受损，于是绝对跟总经理事事作对到底。

如果说你是一个部门的新主管，准备调整一下部门人员结构，按照持续而又渐变的策略，应该怎么变呢？

你要把员工找来询问：“你觉得我们现在的人员结构合不合理？”一句话就够了。如果员工讲“合理”，你就知道他不是合作者，将来准备抗拒自己，如果把工作给他做了，自己的计划就实行不了；说“不合理”，经理要进一步询问：“不合理吗？我都没有感觉到不合理，你感觉哪里不合理呢？”员工会讲出子丑寅卯，结果，总经理是顺着对方的话，却是按照自己的思路完成了工作。

经过这么一个推、拖、拉的过程，最后水落石出，答案就出来了——不是你的答案，而是大家的答案。既然是大家的意见，政策实行起来就没有阻碍。谁再抗拒，谁就是罪人。

善调整——分清角色，避免混淆

干部的立场，对上而言，自己是下属；对下而言，自己则是上司。面对这种忽上忽下、不上不下、既上又下的变动性，你应该清清楚楚地随时做出合理的调整，以免角色混淆，变成不清不楚，让自己受到巨大的伤害。

要清清楚楚地掌握事实，必须重视资料的搜集。但是，搜集一大堆没有用的资料简直就是浪费，所以要确立目标，搜集有用的资料，按主题分类整理，并且分析判断资料的内容，才能够充分活用。

资料分析的过程中，必然发现若干问题，赶快进一步去加深了解，并且听听现场人员的意见，汇集起来，再以个人或集体的方式来拟定对策。有了腹案，带着它去向上级反映。获得上级的许可与支持，再回头和有关人员沟通，把问题解决。

下属看见你这种清清楚楚的实事求是精神，便不致怀疑你“只看上不看下”，一切唯公司高层领导命令是从，不顾基层的实际困苦，因此比较愿意接受你的意见，也比较愿意把实际情况告诉你，使你更容易获得有用的资料，也更方便得到圆满的沟通。

上司看见你作为干部能够主动发掘问题，并且深入探讨，拟定有效的对策，又能够及时请示，尊重他们的最后裁决权，当然既欣赏又放心，大可以让你放手去做。

同样的清清楚楚，对上对下总归有其区别。一般说来，对上采取“干部先说”的方式，比较有效；对下则反过来，依“先听基层”的原则来进行，才能够集思广益。

作为干部，你向基层员工采集资料的时候，如果自己先清清楚楚地说出自己的看法，说对的时候，他们会认为这是应该的，甚至还要补充一番，或者故意做一些辩解。万一说错了，就会传为笑话，对你的信心顿然消减。

最了解真相的，应该是基层员工，因为他们最接近现场，或者根本就是亲身体验。先听听他们的意见，发现可疑的再深入探究，才是掌握事实的办法。让基层先说，使其倍觉可亲，因而更加信任你，也就知无不言了。何况基层对自己所说的话，不好意思不承认那是事实，根据这些事实来共商对策，也多半愿意就事论事，并且勇于负责。要加强基层的参与感和责任感，让他们先说是一种有效的方式。尊重他们，提供参与的机会，他们就会先说。

基层先说，再依据他们所说的，研商对策。然后拿着对策向上司请示，上司看见你对一切工作都清清楚楚，就放心得多，因此变得很好商量，也会相当尊重你的意见。

和上司商议时，你先提出报告。把事情的来龙去脉，分析得清清楚楚，然后请示："打算如何如何处理，不知可不可以？"上司若有疑问，你必须清清楚楚地加以说明。对于自己的方案，显现坚定的信心，而且能够合理地坚持。相信几次下来，经由事实的证明，必能获得上司的信赖。有了良好的信誉，持续地维护，你便是优秀的干部。

"清清楚楚"必须注意立场的配合。有些可以公开的，有些应该私下的，千万不能混为一谈。对上司的建议，最好是个别的，私底下清清楚楚地报告或提出问题请求解决。若是公开的场合，必须想一想是否会让上司没有面子或下不了台。更严重的，自己固然抱着死谏的决心，不料产生的后果对整体的伤害远比预期的利益大，请问是祸是福？不是怕上司，而是顾全大局。

对下属的剖析，如果是技术性的，只要应该让他知道的，公开教导他，既不必顾虑，更不可含糊。假若是人际性的，就要视一般性或个别性而定。一般性的修养，可以公开，个别性的规劝，最好私下进行。你的下属同样也有面子的需求，虽然和你的上司性质不同，却应予以同等重视。不给对方面子，自己永远最没有面子。

善沟通——沟通上下之情，而不是转达上下意见

某公司企划部新近聘请了一位企管人才。他到职不久，便向总裁提出建议，希望公司实施办公自动化。总裁心里明白：人手不足，很难马上实施。但是满口答应，问他需要多少经费。他花一星期时间便提出了预算。总裁一看金额，又表示合理，并且答应经费没有问题，问他要用多大空间。他到处观察，选好地点。总裁表示同意，接着问他：由哪些人负责推动？他斟酌了好几天，终于报告总裁，人手不够，必须招考或培养，才能够着手办公自动化。

这位企划部门的新员工，如果希望公司实施办公自动化，根本用不着直接向总裁提出建议。他还有顶头上司，为什么不向自己的直接主管报告，却要越级找总裁呢？

一方面，是因为部门主管遇事常向上推，不是“兹事体大，必须向上级请示”，便是“我非常同意，但是上级不知道会不会支持”，一心希望自己做好人，让上级充当坏人。结果自己得不到下属的信赖，下属只好凡事越级报告。

另一方面，就是部门主管经常掠夺下属的功劳。有优点往自己脸上贴金，有缺失则往下属身上推。下属也不是傻瓜，很快了解这种情形，于是有好的建议，自然越级，以免被顶头上司半途截夺，成

为他的功劳。

所以，作为主管，你平日的表现，如果真的是“清清楚楚”，那么下属有什么意见就会直接向你建议，用不着越级找总经理。而且，对下属的功劳或过失你也应该清清楚楚，使下属知道有功有过，固然瞒不过，也不会被扭曲。这样下属就不会担心好意见、好表现被你半途截去。一则能安心和你沟通，再则不必处心积虑，设法在领导面前极力表现。

一个中层干部的职责本来就是上通下达，否则就是失职。但是上传下达，要有转折，不可以赤裸裸。干部应该有这种警惕性，应该明白事理。不负责任的干部，会把上级的话直接传给下级，这是最坏的干部；把下级的话直接传给上级，这也是最坏的干部。老板跟干部讲的话，如果干部赤裸裸地传给员工，员工来找老板，老板一定否认：“是他听错了。”

作为中层干部，你必须认清自己的主要任务在沟通上下之情，而不是转达上下之间的意见。否则，通信器材这样发达，通信工具如此便捷的今天，实在用不着干部在那里传来传去。通上下之情的重要关键在于使得高层和基层都听得进去，乐于接受，并且产生预期的行动。